Das Buch

Mütter sind immer gestresst und Väter meistens nicht da – das wird wohl seine Gründe haben ... Und überhaupt: Kinder kosten Geld, sie beanspruchen viel Zeit und bremsen die Karriere. Es gibt viele Gründe, das Kinderkriegen aufzuschieben.

Auch Susanne Wieseler rang lange Zeit mit der K-Frage, »Will ich wirklich ein Kind?«, und war überrascht, welch positive Wende ihr Leben nahm, nachdem sie sich dafür entschieden hatte: »Mit Kindern geht das Leben nicht nur weiter, es wird sogar besser. Und auch wenn es süßlich klingt oder banal oder uncool: Kinder machen glücklich. Viel glücklicher als man denkt. Warum sich das nicht rumspricht? Weil Eltern sich gewöhnlich öffentlich beklagen und im Stillen genießen.«

In ihrem gutgelaunten Buch macht Susanne Wieseler Lust auf Kinder und schildert anhand zahlreicher Fallbeispiele und Geschichten aus dem wahren Leben, in welch unterschiedlichen Konstellationen Familie heutzutage gelingen kann.

Die Autorin

Susanne Wieseler, 1969 geboren, TV-Journalistin, moderiert im WDR Fernsehen die »Aktuelle Stunde«. Fernsehzuschauer kennen sie, ihren Mann Michael, ihre Tochter (5) und den Sohn (2) auch aus der Familien-Reisereportage »Wieselers Reisen« (ebenfalls im WDR). Als Reporterin hat sie für das ZDF dokumentarische Serien produziert, wie z. B. »Kinderklinik« und »Wunschkinder«. Susanne Wieseler lebt mit ihrer Familie in Köln.

Susanne Wieseler

Einfach Kinder kriegen

Wie Familie glücklich macht

Ullstein

Besuchen Sie uns im Internet:
www.ullstein-taschenbuch.de

Umwelthinweis:
Dieses Buch wurde auf chlor- und
säurefreiem Papier gedruckt.

Originalausgabe im Ullstein Taschenbuch
1. Auflage Dezember 2006
© 2006 by Ullstein Buchverlage GmbH, Berlin
Umschlaggestaltung: Büro Hamburg
Redaktion: Regina Carstensen
Titelabbildung: Anna Lingscheid
Gesetzt aus der Sabon bei
Pinkuin Satz und Datentechnik, Berlin
Druck und Bindearbeiten: Ebner & Spiegel, Ulm
Printed in Germany
ISBN-13: 978-3-548-36893-1
ISBN-10: 3-548-36893-X

nhalt

Vorwort: Die K-Frage 7

1 Wir Kinderfeinde 12

   Ach, du Schreck, ein Wunschkind:
   Dorothee Müller

2 Kinder sind Stress 35

   Mutter, Mutter, Kind:
   Judith und Vera Steinbeck

3 Ich will meine Freiheit 59

   Karrieremann allein zu Haus:
   Jan Rademacher

4 Mein Job geht vor 85

   Geplant, gestöhnt, geworfen:
   Eva-Maria Michel und Maria Vollmer

5 Ich krieg doch kein Kind, um es wegzugeben 106

   Das Unmögliche möglich machen:
   Iris Radner und Matthias Winter

6 Kinder sind Luxus 137

Von ganzem Herzen alleinerziehend:
Petra Reichling

7 Ich hab doch noch nicht mal 'nen Mann 154

Dann muss es eben so gehen:
Eileen und Christian Zöllner

8 Jetzt noch nicht 169

Darf ich auch mal was sagen? 182
Das Nachwort vom Ehemann

Literatur 185

Vorwort: Die K-Frage

Wir sind auf dem besten Weg, Weltmeister zu werden, Weltmeister im Keine-Kinder-Kriegen. Deutsche Frauen bekommen im Durchschnitt nur noch 1,3 Kinder. Und jedes Jahr werden es wieder weniger. Ein Viertel der Frauen verzichtet ganz auf Familie, bei den Akademikerinnen ist es sogar ein Drittel.

Und was passiert? Männer führen eine aufgeregte Demographiedebatte und fordern uns Frauen ultimativ auf, mehr Kinder in die Welt zu setzen, damit die Deutschen nicht aussterben und die Rente bald wieder sicher ist. Das wird nicht funktionieren. Keine Frau denkt an Deutschland, wenn sie ein Kind zur Welt bringt, an die Arterhaltung oder an den Generationenvertrag. Zugegeben, während des Gebärens überhaupt an etwas zu denken, ist ohnehin schwierig. Und beim Kindermachen hat man hoffentlich auch anderes im Kopf. Aber selbst wenn man sich ganz nüchtern die K-Frage, die Kinderfrage, stellt, dann geht es nicht ums Vaterland, sondern ums Mutterglück. Und das ist auch richtig so.

Und was sagt die zuständige Politikerin, Familienministerin Ursula von der Leyen, zum Kindermangel? Wir brauchen mehr Betreuung: flächendeckende Krippen und Ganztagsschulen sind nötig, und Männer müssen beim Kinderaufziehen mitmachen. Es tut sich auch was in dieser Richtung: Das Betreuungsangebot wird ausgebaut, das volle Elterngeld gibt es nur, wenn die Väter auch eine Zeitlang zu Hause bleiben. Frau von der Leyen arbeitet daran, Deutschland familienfreundlicher zu machen – wenn sie nicht bei ihren sieben Kindern ist. Prima.

Und was passiert noch im kinderarmen Deutschland? Prominente Mütter melden sich zu Wort. Die Fernsehfrau Eva Herman erhebt ihre eigene, späte Erkenntnis zum Prinzip: Frauen müssen wieder weiblicher werden, damit die Familie nicht ausstirbt. Sie sollen Kinder kriegen und zu Hause bleiben, sonst sind die Kinder nachher gestört und verhaltensauffällig. Das schreibt eine Frau, die ihr erstes und einziges Kind mit knapp neununddreißig bekommen hat, die zum vierten Mal verheiratet ist und einen Porsche 911 Cabrio fährt. Eine Frau, die drei regelmäßige Fernsehsendungen moderiert hat, dazu diverse andere Veranstaltungen, die fast jedes Jahr ein Buch geschrieben, gelegentlich CDs aufgenommen und Modekollektionen entworfen hat. Die sich mit alldem auf ihrer Internetseite brüstet. Sieht ein Zu-Hause-Bleiben etwa so aus?

Als nächste Prominente tritt Christa Müller auf den Plan, Ehefrau von Oscar Lafontaine und Mutter von Carl Maurice. Sie hat mit einundvierzig Jahren dieses, ihr erstes und einziges Kind bekommen, war seitdem nicht mehr nennenswert berufstätig, obwohl ihr Ehemann immerhin sechs Jahre lang nicht außerhalb der eigenen vier Wände gearbeitet hat. Auch Christa Müller propagiert das Hausfrauenmodell, erzählt von vernachlässigten Kindern und berufstätigen Müttern und warnt davor, schon Unter-Dreijährige »wegzuorganisieren«. Kann Christa Müller beurteilen, was es heißt, Hausfrau zu sein – ohne jede Anerkennung außerhalb der Familie, ohne eigenes Geld? Immerhin sitzt sie in Talkshows und schreibt ein Buch, oder hat das eine Haushaltshilfe erledigt? Entschuldigung, aber: Wer so spät im Leben ein einziges Kind gebärt, der ist zumindest aus seiner Erfahrung heraus einfach nicht kompetent. Denn ältere Mütter sind ganz sicher eine besondere Spezies, die meisten neigen zum Glucken und Überbehüten. Außerdem ist beim zweiten Kind tatsächlich vieles ganz anders. Daher ja die allgemein verbreitete Familienweisheit: Man sollte die zweiten Kinder zuerst kriegen. Und berufstätigen Müttern mit der großen Keule zu drohen, eure Kinder missraten, wenn ihr nicht bei ihnen seid, das ist wirklich kaum einer Diskussion wert.

Und jetzt? Was fängt man mit all diesen Weisheiten an? Soll man nun Kinder kriegen, obwohl es sonst fast keiner mehr macht? Und muss man dann tatsächlich zu Hause bleiben? Ja und nein. Man muss nicht auf den Job verzichten, aber man sollte wirklich Familie haben. Diese Ganz-oder-gar-nicht-Haltung à la Herman und Müller hilft bestimmt nicht weiter. Entweder keine Kinder bekommen oder als Hausfrau versauern, das kann es nicht sein. Weil das Leben dann entweder fade wäre – ohne Kinder – oder frustrierend – ohne Job. Es gibt keinen guten Grund, das eine oder das andere zu lassen, schon gar die Arbeit der Kinder wegen: Es gibt auf der ganzen Welt keine ernstzunehmende wissenschaftliche Untersuchung, die belegt, dass Kinder von berufstätigen Müttern schlechter dran wären – seelisch, geistig oder moralisch – als die von Hausfrauen. Und auch für die Mütter ist ein gesundes Sowohl-als-auch ganz gut hinzubekommen. Es geht beides, man muss sich durchwursteln, aber nicht auf den Kopf stellen oder in den vielzitierten Spagat rutschen.

Mit Kindern geht das Leben nicht nur weiter, es wird sogar besser. Auch wenn es kitschig klingt oder banal oder uncool: Kinder machen glücklich. Viel glücklicher als man denkt. Familie ist um Längen besser als ihr Ruf. Ich weiß das aus Erfahrung. Ich habe einen tollen Job beim Fernsehen, einen klasse Mann zu Hause, prima Freunde, ein pralles Leben. Aber das Beste, was ich je gemacht habe, das sind meine Kinder. Seitdem bin ich dauerverliebt.

Am Sonntagmorgen im Bett, wenn kleine Arme sich plötzlich um meinen Hals schlingen, zart und ungestüm – das erzeugt einfach ganz direkt Liebe. Dieses kleine Ich, in jung und wunderschön. Als Mutter das Maß aller Dinge zu sein für meine Kinder, das fühlt sich unendlich gut an. Echten Trost spenden zu können, wahren Stolz zu spüren, geerdet zu sein und über Gott und Engel nachzudenken, das erlebt man nur mit Kindern. Wieder Trampolin zu springen, eine Barbiepuppe mit rosa Rüschen auszustaffieren und in der Wohnung Fußball zu spielen, das macht einfach Spaß. Familie ist das richtige Leben.

Das Vertrackte ist: Wie glücklich ein Kind macht, das weiß man erst sicher, wenn man eins hat. Man muss es fühlen, um es zu wissen. Familien existieren in einem Paralleluniversum zu dem der Kinderlosen. Es gibt keine echte Verbindung zwischen den beiden Welten. Da ist diese Milchglasscheibe – auf der einen Seite stehen die Eltern, auf der anderen Seite alle anderen. Auf der Seite der Kinderlosen drücken sich manche die Nase platt, aber es ist eben nicht so richtig gut zu erkennen, was da passiert, hinter dem Milchglas. Wir Eltern haben den Vorteil, dass wir mal drüben waren, wissen, wie es auf der anderen Seite aussieht. Die Kinderlosen wissen es nicht. Ich würde sie gerne rüberwinken. Das Leben hier ist nämlich genauso wie auf ihrer Seite. Nur viel besser – und zugegebenermaßen etwas anstrengender.

Warum ist diese Scheibe so undurchsichtig? Kinderlose begegnen einfach viel zu selten funktionierenden Familien, es gibt kaum Vorbilder. Freunde von uns haben, als ihr erstes Kind auf der Welt war, zu uns gesagt: »Ihr habt uns auf die Familienidee gebracht. Als wir gesehen haben, dass es bei euch geht, konnten wir uns das plötzlich auch vorstellen.« Das war sicher sehr schmeichelhaft, aber auch verstörend. Was? Wie? Wir sind doch nichts Besonderes, dachte ich. Aber selbstverständlich ist es offenbar auch nicht, dass man einfach Kinder bekommt, bei sich selbst bleibt und weiter arbeitet.

Seitdem wir unversehens zum Vorbild geworden sind, will ich dieses Buch schreiben und aufräumen mit all den Argumenten, Missverständnissen und Stänkereien gegen Familien. Ich habe mir die Standardbegründungen von Kinderlosen für ihren »Zustand« vorgenommen, nacheinander, und nicht viel Wahres daran gefunden. Und dann habe ich nach Beispielen aus dem richtigen Leben gesucht – nicht die übliche Kleinfamilie, da habe ich selbst genug zu erzählen. Die vorgestellten Familien in diesem Buch sind alle überraschend glücklich mit ihren Kindern. Überraschend deshalb, weil es von außen nicht danach aussieht oder sogar unmöglich erscheint. Es war kein bisschen schwierig, diese Familien zu finden: Eltern, die eine Fernbeziehung führen, ein lesbisches Paar mit Kind, eine unfreiwillige Mutter, ein Karrieremann in Elternzeit, Mütter auf der Bühne, Adoptiveltern in Vollzeitjobs, sogar eine Alleinerziehende mit Traumberuf. Sieben Familien und eine Erkenntnis: Es geht. Mit Kind und Job glücklich zu werden. Man muss es einfach machen.

1 Wir Kinderfeinde

Unser Land ist nicht kinderfreundlich. Das sagen 71,8 Prozent der Deutschen in einer aktuellen Umfrage. Und den Eindruck kann man ja auch haben: Mit Kindern hat man nur Schwierigkeiten. Es ist ein Problem, sie betreut zu kriegen, sie zu erziehen und das zu bezahlen, was sie brauchen.

Wenn man Zeitung liest, denkt man: Niemand bekommt mehr Kinder – und zwar völlig zu Recht. Deutschland ist ja so entsetzlich kinderfeindlich. Familien werden so ungemein hart bestraft dafür, dass sie den Fortbestand der Art retten. Im Steuerrecht, bei der Sozialversicherung, überall werden sie über den Tisch gezogen, betuppt, für dumm verkauft. Der *Spiegel* formuliert es mit diesen Worten: »Wer sich für Familie entscheidet, handelt gegen alle Vernunft.« Und die *Frankfurter Allgemeine Sonntagszeitung* schreibt: »Daß heute, zu den Bedingungen, wie sie in diesem Land gerade herrschen, überhaupt Frauen bereit sind, Kinder zu kriegen, ist ein Wunder.« Aha. Wer sich vermehrt, ist also entweder wunderlich oder schön blöd.

Darüber, wie gut es sich anfühlt, Kinder zu haben, schreibt aber praktisch nie jemand. Was vielleicht daran liegt, dass in den Zeitungsredaktionen meistens Männer am Werk sind, die – wie jede Frau weiß – sich manchmal schwer mit den Gefühlen tun. Und wenn es keine Männer sind, dann schreiben da offenbar mehrheitlich kinderlose Frauen. Sonst wüssten sie es ja besser. Journalistinnen sind eben überwiegend kinderlos. Es ist natürlich völliger Quatsch, dass Familien überall nur geschröpft werden und ihnen das Leben auf jede erdenkliche Weise schwer gemacht wird.

Wenn man in einschlägigen Zeitschriften blättert – beim Arzt, wo sonst –, dann denkt man: Kinder zu kriegen ist allenfalls was für besser Gestellte oder Leidensfähige. Es ist wie mit allen Nachrichten: Bad news are good news. Die Dramen verkaufen sich eben besser. Das Glück ist banal bis hin zur Langeweile. Deshalb wird in den Medien auch lieber über »Zoff in der Partnerschaft«, »Sex-Flaute« und den »Baby-Blues« geschrieben und nicht übers Familienglück. Und wenn doch, dann geht es um die Kinder der Reichen und Schönen. Nur leider taugen die dann auch nicht als lebensechtes Vorbild. Wer – außer Madonna – richtet seiner Tochter schon mehrere identische Kinderzimmer ein – und zwar eins in jeder Stadt, in die man so kommt. Oder baut für die Kinder Plastikritterburgen im Maßstab »eins zu Kind« in den Garten, wie es Victoria und David Beckham tun?

Wenn man fernsieht, denkt man: Gibt es überhaupt noch Familien mit kleinen Kindern? Sind die vielleicht ausgestorben? Oder sind die Kinder alle verhaltensgestört und brauchen eine »Super Nanny«? Schlimm an diesen Sendungen sind nicht so sehr die propagierten Erziehungsmethoden oder die Zurschaustellung der armen Kinder, es ist die abschreckende Wirkung auf alle, die vielleicht noch eine Familie gründen wollen. Wenn alle Kinder so wären wie diese kleinen Teufelchen, dann sollte man wohl wirklich besser verhüten.

Wer Ratgeber oder Elternzeitschriften liest, kann nur zu einem Ergebnis kommen: Kinder aufzuziehen ist ungeheuer kompliziert. Für jeden Pups und alle Windelwechselfälle gibt es ein halbes Regalbrett voller Bücher. Wer eine gute Mutter sein will, braucht – das will man uns jedenfalls weismachen – außerdem zwei bis drei Elternzeitschriften im Abo. Man muss ja auf dem Laufenden bleiben. Woher soll man sonst auch wissen, was das Baby hat, wenn es schreit, was Vierjährige sinnvollerweise als Zwischenmahlzeit futtern und wann der kindliche Biorhythmus auf Hausaufgaben eingestimmt ist.

Das Kinderkriegen wird manchmal zu einer Riesenaktion aufgeblasen, aber meistens vermiesepetert, schwarzgemalt, schlechtgeredet. Sie meinen es ja gut, alle, die ständig fordern, Beruf und Familie müsse man vereinbaren können. Aber die Botschaft lautet natürlich: Es ist bisher unmöglich! Ständig heißt es in irgendwelchen Veröffentlichungen, die Chance, für ein Kind unter drei Jahren einen Betreuungsplatz zu bekommen, sei ungefähr so groß wie im Lotto zu gewinnen. Das ist Blödsinn, aber es formuliert sich anscheinend irgendwie flott. Familienverfechter wettern dagegen, dass Familien geschröpft werden, wenn die Mehrwertsteuer steigt, oder prangern die »Transferausbeutung« der Familien im Steuer- und Sozialversicherungssystem an. Oh je! Soll ich mich denn schröpfen und ausbeuten lassen? Ganz direkt oder transferiert? Lieber nicht. Die Gewerkschaft Erziehung und Wissenschaft (GEW) fasst ihre Stellungnahme zum Familienbericht 2006 allen Ernstes so zusammen: »Wer Kinder hat, hat Pech gehabt.«

Verbände und Journalisten geben wirklich alles, um mit ihren Bedrohungsszenarien alle potentiellen Eltern gründlich abzuschrecken. Da werden so viele Gründe gefunden, warum Männer nicht zeugen und Frauen nicht gebären, dass man sich wirklich schon fast dämlich vorkommt, wenn man es trotzdem tut. Und tatsächlich: Eine aktuelle Studie des Bundesinstituts für Bevölkerungsforschung zum Thema »Warum bekommen die Deutschen kaum noch Kinder?« gelangt zu dem Schluss: »Die in den Medien veröffentlichte Meinung spielt eine sich selbst verstärkende Rolle.« Das heißt im Klartext: Das ganze Schlechtreden bewirkt, dass es tatsächlich schlecht wird.

Und dann das allgemeine Krisengeheul. Überall hört man: »Die Zeiten sind rau.« »Den letzten beißen die Hunde.« »Ich muss für mich selbst sorgen.« »Warum soll ich allein die Rente retten und den Fortbestand des deutschen Volkes sichern?« Gute Frage. Eine plausible Antwort gibt es nicht.

Weil wir in allem so gründlich sind, haben wir auch eine ordentliche Portion Zukunftsangst. Merkwürdig. Ist unsere heutige Welt denn nicht die sicherste, bequemste, wohlhabendste, die je existierte? Es gibt doch wohl keine Zeit und (fast) keinen Ort auf der Erde, der eine bessere Gelegenheit böte, Kinder zu bekommen, als jetzt und hier. Und trotzdem: 1946, in Zeiten allergrößter Not, wurden in Deutschland mehr Babys geboren als heute.

Hier Menschen – da Eltern

Ignorieren wir mal, was in den Zeitungen steht und im Fernsehen gesagt wird, fragen wir mal bei den Familien nach, im richtigen Leben. Wie ist das denn so, das Leben mit Kindern? Als Erstes sagen Eltern: »Uff, es ist anstrengend! Babys schreien nachts. Man muss ihnen ständig den Hintern abwischen. Immer wollen sie irgendwas und nie weiß man, was, zum Verzweifeln.« Und es kommt immer dicker. Die schrecklichen Zweijährigen, so hört man, nur Trotzattacken, Weinkrämpfe und Ichwillabba den ganzen Tag. Vom Kindergarten an hängen sie dann zwar nicht mehr vierundzwanzig Stunden am Rockzipfel, aber dafür sind sie ständig krank. Husten, Schnupfen, Ohrenschmerzen den gesamten Winter über. Richtig schlimm wird es dann in der Schule. Markenschuhe, Gruppendruck, Hausaufgabenstress, Sitzenbleiben, Zickenlehrerin, Blaumachen.

Und will man wissen, wie so ein Familienleben aussieht, also die äußerlichen Gegebenheiten, dann heißt es: Na klar, man lebt am Stadtrand oder gleich auf dem Land, hat eine Doppelhaushälfte mit handtuchgroßem Garten, ein Schaukelgestell und eine Plastiksandmuschel. Samstags geht's mit gefühlten einhunderttausend anderen Eltern zu IKEA. Nachmittags sitzt man auf dem Spielplatz, um dort zu stricken oder über die Vorteile von Baumwollwindeln zu philosophieren. Und Urlaub wird in der kleinen Ferienbutze in Holland gemacht. Wie muffig! Wie öde! Wie spießig!

Und überhaupt die Mütter, dieser klebrige Kloß voller Sorge, Liebe und Langeweile. So haben viele ja ihre eigenen in – eher schlechter – Erinnerung. Und wenn junge Frauen eins nicht werden wollen, dann muttimäßig: anspruchslos, ungepflegt, infantil.

Das ist es also, was man so sieht und hört und denkt, über Eltern und von Eltern. Wenn man aber weiter nachfragt und sie näher kennenlernt, wenn man Mäuschen spielt beim Familienleben, dann sieht die Sache völlig anders aus. Der Vater lacht über seinen Sohn auf eine Weise – laut und breit und unwiderstehlich –, wie man es selten irgendwo vernommen hat. Die Mutter ist restlos verzückt von der Art, wie ihre Tochter seilspringt. Und ganz sicher würden diese Eltern ihre Kinder niemals wieder hergeben. Kein Vater, keine Mutter, die ich je gesprochen habe, bereute es, Kinder in die Welt gesetzt zu haben. Erstaunlich eigentlich.

Da gibt es also etwas, das kommt bei den Leuten so gut an, dass niemand es umtauschen will. Reklamationen sind äußerst selten. Und alle »Kunden« sind sich sicher: Wer dieses »Produkt« nicht hat, der verpasst das Tollste. Viele legen sich gleich noch eins von der Sorte zu. Einzelkinder sind tatsächlich relativ selten, nur jedes fünfte Kind hat keine Geschwister, und die meisten Einzelkinder leben bei Alleinerziehenden. So gesehen erscheint es irritierend, dass der Absatz dieses Wunderprodukts zurückgeht. Es wird wohl am schlechten Marketing liegen. Nur gibt es im »Unternehmen Gesellschaft« leider keine verantwortliche Nadelstreifenniete, die man deswegen hochkant rausschmeißen könnte.

Tatsache ist: Eltern reden eher über die Nervereien mit ihren Kindern als über ihr Familienglück. Vielleicht weil es peinlich ist, in einem Gespräch beim Mittagessen in der Kantine einzuwerfen, was die Kleinen und Großen heute Morgen wieder für herzerwärmende Dinge getan haben. »Mein Sohn hat seinen ersten Zweiwortsatz rausgebracht: ›Mehr futtern!‹« Das geht vielleicht noch, sogar im Beisein von kinderlosen Menschen, weil es unter Anekdoten fällt. Aber wer redet schon darüber, wie derselbe kleine Sohn beim Bürsten der Haare genüsslich den Kopf nach hinten legt, die Augen schließt und murmelt: »Mehr weiter!«

(Zweiwortsatz Nummer zwei). Und wie Mama dann zehn Minuten lang still beglückt die blonden Stoppeln striegelt.

Man kommt sich irgendwie komisch vor, zwischen gefühlsduselig und dusselig, wenn man darüber zu reden anfängt, wie glücklich Kinder machen. Das Gegenüber könnte denken, so vermutet die erzählende Mutter, sie stehe auf schiefe Blockflötenliedchen. Oder auf Küsschen von Rotznasen mit nutellaverschmierten Mündern. Nein, sie findet das auch nicht klasse. Aber sie nimmt es in Kauf.

Wenn Mütter über Familie schreiben, in Büchern oder Artikeln, klingt das eher so: Irgendwie ist es kuschelig, aber auch frustrierend, sich ein Baby ans Bein zu binden, den Superjob freiwillig gegen eine Vierundzwanzig-Stunden-Rufbereitschaft einzutauschen, während sich der Kindsvater in seiner Firma einen Namen macht. Muttersein ist ein unbezahlter Knochenjob auf Lebenszeit. Nur Stress, kein Schlaf. Kinder können ja ganz herzig sein, aber manchmal auch richtig gemeingefährliche Biester.

Wenn ich so etwas lese, frage ich mich immer, was diese Leute für Kinder haben. Alles Schreibabys? Lauter kleine Tyrannen? Vielleicht berichten sie auch nur über die Katastrophen, weil es die besseren Geschichten sind, einfach lustigere. Komödie ist Tragödie plus Zeit. Und es hat ja auch eine Entlastungsfunktion. Als Leserin denke ich doch: Mensch, da habe ich aber mit meinen Kindern Glück gehabt, so schlimm ist es ja bei uns Gott sei Dank nicht.

Tatsächlich war ich nach der Geburt meines ersten Kindes absolut überrascht, wie viel von meinem schönen alten Leben übriggeblieben war und wie viel Tolles dazukam – vielleicht hatte ich vorher tatsächlich zu viele Horrorstorys in mich hineingesogen. Inzwischen glaube ich eher, diese abgenervten Supi-Muttis haben einfach Pech gehabt oder alles falsch gemacht, wenn sie denn wirklich so verkorkste Kinder haben.

Die Kinder, die ich kenne – und nicht nur meine eigenen –, sind jedenfalls eine angenehme Gesellschaft. Wenn ich etwa morgens mit zwei eigenen und zwei Nachbarskindern auf Rollern und Rädern am Wald entlang zum Kindergarten fahre oder wenn sich im Garten auch noch die Kinder von Freunden rund ums Baumhaus tummeln und dieses Bullerbü-Feeling verbreiten, dann ist das einfach sehr, sehr schön.

Klar, man redet ja auch nicht ohne Not über ausgetauschte Zärtlichkeiten oder Liebesabenteuer, die man mit dem eigenen Mann hatte. Aber das Paradies zwischen Mann und Frau versteht sich offenbar von selbst. Dagegen scheint das Glück, mit Kindern zu leben, nicht so selbstverständlich zu sein. In der Öffentlichkeit findet es nicht statt und privat eben auch erst auf den zweiten Blick.

Wenn Ihnen also Eltern begegnen, die dringend mal wieder ausschlafen wollen, die jammern, dass das Baby gerade zahnt und ihr Schulkind sitzengeblieben ist, dann fragen sie doch mal nach: »Wie ist es denn so insgesamt? War es vielleicht doch eher keine gute Entscheidung, sich diese Kinder anzuschaffen?« Ich wette, da taucht plötzlich nur Entsetzen auf den Gesichtern auf. Natürlich sind diese Kinder das einzig Wahre, unersetzlich, heiß geliebt, deshalb macht man sich ja solche Sorgen und leidet mit!

Ich selber bin ein wenig vorsichtig geworden, was laut geäußerte Schwärmereien und Liebeserklärungen betrifft. Es passiert nämlich gar nicht so selten, dass man mit einem Paar am Tisch sitzt, das gerne Kinder hätte, aber keine kriegen kann. Und man will ja auch nicht angeben. Es gehört sich einfach nicht, nach dem Motto: »Mein Haus! Mein Auto! Mein Boot!« Fotos von Kindern auf den Tisch zu knallen, die jetzt gefälligst bewundert werden sollen. Abgesehen davon verraten solche Aufnahmen nichts über die Liebe, die Begeisterung und das Gefühl, durch Kinder wieder selbst jung zu sein.

Vom letzten Urlaub darf man schwärmen, von dem türkisblauen Meer und den bunten Fischen. Über den neuen Job darf man Begeisterung zeigen, das übersteht man gerade noch ungestraft, wenn auch vor gelangweilten Gesichtern. Vollkommen erlaubt ist es, über die neue Wohnung, den Deckenstuck und das Pitch-Pine-Parkett ins Träumen zu geraten. Aber von den eigenen Kindern enthusiastisch zu sprechen, das hat einen Beigeschmack. Weil man dabei auch von sich selbst schwärmt? Unvermeidlicherweise haben die Kinder eben viel, fast alles, von ihren Eltern. Das macht es ja so schön! Aber gerade diese Entdeckungen – sie bekommt Locken (wie ich!), er liebt es, unter der Dusche laut zu singen (wie ich!) – sind alles Dinge, die man eher still genießt.

Das Lebensgefühl von Eltern ist natürlich längst erforscht, und siehe da: Das Glück kommt weit vor der Mühe, die Kinder machen. Für mehr als 85 Prozent der Eltern sind Aspekte wichtig wie »Viel Freude haben«, »Lieben und geliebt werden« und »Gebraucht werden«. Erst auf Platz zehn steht: »Opfer bringen und verzichten müssen«, mit 68 Prozent. Also: Alle, die es ausprobiert haben, die es also wissen müssen, sagen: Kinder sind, unterm Strich betrachtet, klasse. Ich will mein Leben lang mit diesen Menschen zusammenbleiben. Familie ist weit besser als ihr Ruf.

Wer meckert denn da?

Interessanterweise sind es vor allem Kinderlose, die in Umfragen sagen: Deutschland ist kinderfeindlich. Für Eltern ist das eher kein drückendes Problem. Meinen die Kinderlosen sich vielleicht selbst, weil sie als Erste von einem Quengelkind in der Supermarktschlange genervt sind, die Augen rollen, wenn ein Schreihals im Restaurant den Apfelsaft vom Tisch fegt? Ich freue mich geradezu, wenn mich mal jemand schief anguckt, weil eines meiner Kinder für seine Begriffe zu laut oder ungestüm war. Denn das Streitgespräch kann man schnell und souverän gewinnen: »Ach, Sie mögen keine Kinder?« Ich habe so etwas aber kaum je erlebt. Und das liegt sicher nicht daran, dass meine Kinder so sensationell gut erzogen wären und niemandem auf die Nerven gingen. Aber es hilft die Einstellung, wenn man sich nicht als Störenfried fühlt, sobald man mit Kindern irgendwo auftaucht.

Ich hatte jedenfalls noch nie das Gefühl, dass ich als Mutter mit Kind im Zug in ein Extraabteil gesperrt werde, damit die Geschäftsleute in aller Ruhe in ihre Handys schreien können. Ich freute mich eher, wenn ich ein Kleinkinderabteil im ICE erwischte, denn die sind ausgesprochen nett, mit installiertem Spielzeug und Schaukelpferd.

Man sollte sich nicht zu heftig den Kopf darüber zerbrechen, was die anderen denken könnten. Als meine Tochter sechs Wochen alt war, hat sie mir zum Geburtstag ihr erstes echtes Lächeln geschenkt. Kein unwillkürliches Zucken, sondern ein richtiges Hey-Mama-ich-mag-dich-Lächeln. Mein Mann hatte mir zu diesem Anlass ein Abendessen plus Übernachtung in einem richtig noblen Restaurant in Holland spendiert. Und auf diesem Hotelbett ist es eben passiert. Die erste Liebeserwiderung unseres Babys. Das aber nur nebenbei. Für uns stand nun ein Sechs-Gänge-Essen an, nur vom Feinsten, in der Langusten-Carpaccio-Kategorie. Das hervorragendste Essen meines Lebens. Die begleitenden Weine wären es sicher auch gewesen. Aber, wie gesagt, unsere Tochter war sechs Wochen alt und auf Muttermilch.

Mein Mann und ich gingen nun mit dem Gerade-nicht-mehr-Neugeborenen ins Restaurant runter. Lauter hochgezogene Augenbrauen sah ich an den anderen Tischen. Viele Paare waren im »besten Alter« (wie man es netterweise nennt), bestes Oma- und Opaalter also. Huch, sagten uns die Blicke, da will uns doch wohl nicht ein plärrendes Baby die Muscheln oder den Hummer madig machen, so ein 100-Euro-Abendessen möchte man doch ganz gerne ungestört genießen. Das hat dann auch geklappt. Das Baby lag auf meinem Schoß, und wann immer es den kleinsten Laut von sich gab, habe ich es angelegt, ganz dezent, unterm Wickelpulli. Es hat keine Stunde gedauert, da standen die skeptischen Möchte-gern-Omas Schlange bei uns am Tisch zum Gutzi-Gutzi machen.

Mehr Kinderfans als Kinderfeinde

Wenn ich in unserer allseits erklärten kinderfeindlichen Gesellschaft mit dem Auto zum Einkaufen fahre, dann ist für mich direkt neben dem Eingang des Supermarkts ein Eltern-Kind-Parkplatz reserviert. Drinnen habe ich die freie Auswahl zwischen Einkaufswagen mit montierter Babyschale oder dem normalen Gitterklappsitz, kann mich aber auch für eines der Plastikschiebeautos mit eingebauter Musicbox und aufgebocktem Einkaufskorb entscheiden. Und für die Große gibt es einen eigenen Wagen im Kinderformat. Beim Bäcker bekommen wir für jedes Kind einen hausgemachten Butterkeks über die Theke gereicht, beim Metzger die obligatorische Scheibe Fleischwurst, beim Obsthändler je nach Saison eine Aprikose oder eine Baby-Banane, in der Apotheke Traubenzucker, eine Soloblüte beim Blumenhändler, Gummibärchen im Kinderklamottenladen. Einkaufen ist bei uns eine gehaltvolle Zwischenmahlzeit für die Kinder.

Ich kann das nicht so richtig kinderfeindlich finden. Auch nicht die Spielecke im Küchengeschäft oder den Miniclub im Fitnesscenter, das Kinderparadies im Baumarkt. Nicht zu reden von Family Cars im Münsterland, einem Familien-Autohaus mit drei angestellten Erzieherinnen, je einem Spielplatz drinnen und draußen und lauter Vier- bis Neunsitzern im Angebot.

Es gibt auch Vermieter wie meinen Schwiegervater. Der fragt bei potentiellen Mietern als Erstes: »Wollen Sie Kinder? Sonst können sie leider nicht einziehen.« Denn die großen Zimmer und den riesigen Gemeinschaftsgarten mit den ganzen Spielgelegenheiten kinderlosen Paaren zu überlassen, hieße Perlen vor die Säue zu werfen. Außerdem freuen sich meine Schwiegereltern über Kinder, sie wohnen gleich nebenan. Ein Bewerberpärchen hatte sich zu einem Bekenntnis für ein Kind durchringen können und die Wohnung erhalten. Es wurden dann drei Kinder, und meine Schwiegereltern sind als Zusatz-Oma und -Opa gut beschäftigt.

Als ich mit meinem Mann und unserer fast laufenden und inzwischen sehr lebhaften Tochter einmal im vornehmen Restaurant von Schloss Wilkinghege in Münster essen war – wieder ein Geburtstag –, da war unser Haupt gesenkt und das Lächeln eher schüchtern. Man will ja mit seinem knatschenden Kind niemandem den Abend des Jahres versauen. Und was passierte? Noch bevor unsere Tochter einen Mucks machen konnte, kam der Chef des Anwesens persönlich an den Tisch gerauscht, freute sich sichtlich, dass wir den Altersdurchschnitt senkten und gab uns nachdrücklich zu verstehen, wir sollten sofort Bescheid sagen, falls irgendein Gast auf die Idee käme, wegen der Kleinen auch nur streng zu gucken. Wenn er irgendetwas nicht duldete in seinem Schloss, dann Kinderfeindlichkeit.

Kaum zu glauben, aber in Deutschland gibt es inzwischen so etwas wie einen Kampf ums Kind. Die ersten Orte setzen Gebärprämien aus. In Ellern im Hunsrück erhält man nach der Niederkunft 500 Euro, ein Obstbäumchen, eine Kindermatratze und ein Stühlchen. Ihr Kinderlein kommet: In Laer, in Westfalen gelegen, hat es schon funktioniert, hier gibt es einen richtigen Babyboom: Die Geburtenrate liegt bei fast dreizehn Kindern pro tausend Einwohnern (national sind es knapp neun). Das Dorf liegt damit an der Spitze beim Kinderkriegen in Deutschland. Dank Krippe, Ganztagskindergarten und -grundschule für alle.

Wer bietet mehr? Die Stadt Lübeck vergibt zinslose Baudarlehen an Familien. Kaufbeuren hat die Eigenheimzulage für diese wieder eingeführt, der Kindergarten ist im ersten Jahr gratis. In Bad Homburg kosten die Kindergärten grundsätzlich gar nichts. In Mülheim an der Ruhr können Familien sich um ein unbescheidenes Haus für eine bescheidene Kaufsumme bewerben. Je mehr Kinder und je jünger die Eltern, desto größer die Chancen. In

Kamp-Lintfort im Ruhrgebiet bekommen Familien einen 30-Prozent-Rabatt auf Grundstücke. In Hamburg gibt es eine Kinderzimmerzulage für Familien mit zwei oder mehr Kindern, die sich eine Wohnung kaufen.

Gerade größere Städte haben es nötig, Familien anzulocken, hier sterben die Kinder aus. Wer welche kriegt, zieht an den Stadtrand oder gleich aufs Land. Übrig bleiben die Großstadtsingles. Und die erleben dann auch gar nicht mehr, was das heißt, eine Familie zu haben, eine glückliche noch dazu. Weil es immer weniger Kinder gibt, kommen auch immer weniger Paare auf die Idee, dass Familie eine gute Sache ist. Ein sich selbst verstärkender Effekt, sagen Demographieforscher.

Es gibt ein paar Oasen, in denen es andersherum läuft, das sind einige stadtnahe Dörfer im Westen, auch wenige Großstadtviertel, beispielsweise Prenzlauer Berg in Berlin. Hier leben verhältnismäßig viele Familien, und es kommen immer neue dazu. Entweder sie ziehen aus anderen Stadtvierteln zu oder Paare, die hier sowieso schon leben, werden zu Familien. Quasi eine Anstiftung zum Kinderkriegen. Denn da, wo schon viele Familien sind, ist das Leben mit Kindern auch viel einfacher. Weil es Kindergärten, Spielplätze und Drogeriemärkte gibt, kindergewöhnte Nachbarn, Spielkameraden und Eltern zum Abwechseln.

Kinderlose haben oft so wenig Berührung mit Kindern, dass sie ihnen wie Aliens erscheinen müssen. Ungefähr die Hälfte aller freiwillig Kinderlosen, das hat eine Umfrage ergeben, ist seltener als einmal im Monat mit Kindern zusammen. Wie sollen sie da auf die Idee verfallen, dass eigene Kinder eine nette und noch dazu ganz normale Sache sind?

Keine Vorzeigemütter da!

Wenn man ganz tief drinnen nicht den unbändigen Wunsch hat, Kinder zu kriegen, dann ist es gar nicht so einfach, darauf zu kommen. Im richtigen Leben gibt es oft wenig Vorbilder. Und was sehen wir im Fernsehen? Einsame Wölfe. Die klassische Familie mit Kindern, besonders mit kleinen, findet nahezu nicht statt. Rund drei Viertel aller Protagonisten in den üblichen Fernsehfilmen und -serien sind ganz und gar kinderlos, werden als Szenesingles oder Seelenkrüppel dargestellt. Wenn eine Familie im Mittelpunkt einer Sendung steht, dann handelt es sich eher um Familiendynastien ohne kleine Kinder oder um alleinerziehende Alleskönner. Im Fernsehen gibt es doppelt so viele Singles und nur halb so viele Kinder wie im richtigen Leben. Das Adolf-Grimme-Institut hat genau nachgerechnet.

Und wie sieht es in den Werbepausen aus? Da wird viel Familie präsentiert, sehr schön, sehr clean, aber wenig Wahrheit. Nie im Leben kann ich glauben, dass diese porentief reinen Models Kinder haben. Niemals. Nicht mit dieser weißen Bügelfaltenhose. Nicht mit dieser Föhnwelle. Nicht mit diesem hellblauen Teppichboden. Und ich will es auch nicht glauben, weil ich so nicht sein will, so steril, so sauber, so spaßfrei.

Schauen wir weiter, Nachrichten zum Beispiel. Wer taucht denn da so auf mit Kindern beim spitzenpolitischen Personal. Vorneweg natürlich unsere Familienministerin – und dann aber auch lange niemand. Und das Beispiel Ursula von der Leyen leuchtet so hell, dass es schon fast blendet. Man reibt sich die Augen und denkt: Ministerin in Berlin, Ärztin, sieben Kinder in Hannover, sieht immer adrett aus und hat alle Nerven beieinander – wie macht sie das bloß? Das ist vielleicht eher einschüchternd als zur Nachahmung anregend. Die meisten Mütter kriegen ja noch nicht mal zwei Kinder und einen Vollzeitjob auf die Reihe.

Und sonst? Unsere Bundeskanzlerin hat keine Kinder. Es hat sich nicht ergeben, sagt Angela Merkel. Unser Altkanzler Gerhard Schröder ist mit sechzig zum ersten Mal Vater geworden, einer Adoptivtochter. In seiner Regierung waren zwei Drittel der Ministerinnen kinderlos. In der aktuellen Bundesregierung ist es ganz genauso. Eine Kanzlerin, fünfzehn Minister, davon sechs Frauen. Vier von ihnen haben gar keine Kinder: Annette Schavan, Brigitte Zypries, Heidemarie Wieczorek-Zeul und eben Angela Merkel. Ulla Schmidt kann eine Tochter aufweisen, die sie mit zweiundzwanzig Jahren bekommen hat, und auch schon zwei Enkelkinder. Wenn man also die Super-Mutter-Ministerin von der Leyen mal ausnimmt, dann kommen da auf ein Kind fünf Frauen. Macht eine Reproduktionsrate von 0,2 – und mit Frau von der Leyen landet man interessanterweise beim deutschen Durchschnitt von 1,3.

Bei den männlichen Ministern liegt die Reproduktionsrate übrigens doppelt so hoch wie der Durchschnitt: 2,6. Kein einziger Minister der Großen Koalition ist kinderlos. Wenn unsere Politiker in irgendeiner Weise Vorbilder sein sollen, dann können unsere Spitzenpolitikerinnen nur als schlechte in Sachen Familie betrachtet werden. Auch außerhalb des Kabinetts sieht es nicht besser aus: Heide Simonis, Renate Künast, Claudia Roth, Ute Vogt – sie alle sind kinderlos.

Und was ist mit denen, die uns lächelnd die Welt erklären? Was Wunder, auch die meisten prominenten Fernsehfrauen sind frei von Nachwuchs: Sabine Christiansen,

Maybrit Illner, Marietta Slomka, Anne Will, Nina Ruge, Monica Lierhaus. Für einige von ihnen ist es bislang nicht zu spät, da kann noch was passieren. Und natürlich gibt es Ausnahmen: Petra Gerster, die Frontfrau bei der *heute*-Sendung im ZDF, hat zwei Kinder. Und wie die Schauspielerin Veronica Ferres und die Autorin und Talkmasterin Amelie Fried redet sie auch mal darüber. Aber eben abstrakt. Mit seiner Familie, mit wahren Geschichten aus dem eigenen Leben, geht man als Promi natürlich nicht an die Öffentlichkeit.

Entweder Karrierepolitikerin oder Mutti – so ist das bei uns. Man leitet entweder eine politische Talkshow oder sitzt zu Hause am Kindermaltisch. Woanders geht das ganz gut zusammen. Die französische Staatsministerin für Zusammenarbeit, Brigitte Girardin, hat Familie, ebenso die Hochkommissarin für Menschenrechte in Genf, die Kanadierin Louise Arbour. Ségolène Royal ist Chefin der Region Poitou-Charentes in Frankreich, früher war sie Ministerin und Beraterin von Präsident François Maurice Mitterrand. Sie hat vier Kinder, ihr Mann ist der Chef der Sozialisten. 2007 wird Ségolène Royal als Präsidentschaftskandidatin antreten, und sie hat gute Chancen, gewählt zu werden. Die französische Topmanagerin Clara Gaymard, Frau des Superministers Hervé Gaymard und Mutter von acht Kindern, beantwortet die Frage, wie sie das denn alles unter einen Hut bekomme, gerne mit dem Satz: »Fragen Sie doch meinen Mann!« In den USA hat Madeleine Albright nach dem Studium drei Kinder bekommen und ein paar Jahre lang nicht gearbeitet. Mit neununddreißig machte sie schließlich ihren Doktor, mit fünfundvierzig wurde sie Professorin, mit neunundfünfzig Jahren Außenministerin.

Ach, du Schreck, ein Wunschkind: Dorothee Müller

Dorothee Müller war sich sicher: »Ein Kind passt nicht in mein Leben.« Ihr Leben war das, was man sich unter einem glücklichen Single-Dasein vorstellt. Sie verbrachte die Wochenenden am liebsten in Paris, Brüssel oder London. Sie traf sich gern auch mal am Abend mit Kollegen zum Arbeiten: noch schnell eine Präsentation auf die Beine stellen, einen Vertrag durchgehen. Im Schrank hingen Designerklamotten. Hin und wieder gab es einen Mann. Dorothee Müller war siebenundzwanzig. Und schwanger. Sie wusste es nur noch nicht.

Heute lacht sie: »Man glaubt das ja immer nicht, wenn Frauen so etwas sagen. Aber es war so: Ich hatte es nicht gemerkt! Ich war einfach nicht auf die Idee gekommen.« Irgendwann ging sie dann doch zum Arzt, der gratulierte zur Schwangerschaft, in der dreizehnten Woche. Die kritische Phase hatte sie schon überstanden, das Kind bewegte sich. Dorothee Müller war total schockiert – und irgendwie auch überglücklich. Sie trank mit einer Freundin das letzte Glas Sekt, eine Spontanfeier. Ihr Ex-Freund war nur schockiert und kein bisschen glücklich. Im letzten gemeinsamen Urlaub, in Südafrika, hatte man sich getrennt. Und dann das. Der Vater fiel erst mal aus, völlig. Dorothee kaufte sich einen Ratgeber und pinnte sich eine To-Do-Liste an die Wand: Vater dazu bringen, die Vaterschaft anzuerkennen. Kinderbetreuung organisieren. Und so weiter.

Dorothee erzählte ihren Eltern vom Enkelkind in ihrem Bauch. »Die erste Frage war: ›Wann wird geheiratet?‹ Den Zahn musste ich ihnen dann leider ziehen.« Dafür nahmen Dorothee, ihr Bruder und eine Freundin eine gemeinsame Wohnung, so etwas wie eine Nest-WG. Als Julian geboren wurde, war Dorothee sofort total verknallt. »Ich habe ihn einfach nur unendlich geliebt und völlig vergöttert, hatte natürlich von nichts eine Ahnung, war eben total unerfahren. Aber es ging.«

Dorothee lebte vom Sparbuch, ließ sich von ihren Mitbewohnern helfen und fing langsam an, ihr Mutterleben zu organisieren. Eine Kinderkrippe war ihr irgendwie suspekt, das roch nach DDR und Gleichmacherei. Also eine Tagesmutter. Das Tagesmütternetzwerk machte ihr drei Vorschläge, und der erste passte gleich: eine Frau aus Äthiopien, der Mann war Theologieprofessor, der Sohn so alt wie Julian. Dorothee gefiel diese unheimlich herzliche, leicht chaotische Frau sofort. Ihr Sohn hatte da eine andere Meinung. Die Eingewöhnung war ein Drama, Julian war sieben Monate alt und mitten in der Fremdelphase. Zwei, drei Wochen lang gab es immer wieder Tränen. Aber dann war es auf einmal gut, sehr gut sogar. Freudestrahlend rannte Julian morgens um halb acht in »Mammis« Arme und abends um fünf zurück zu Mama, mit »a« am Ende.

Julian war den ganzen Tag in seiner Zweitfamilie und bester Dinge. Bei »Mammi« war alles ein bisschen wilder. Da liefen die Kinder auch mal über Tische und Bänke, hatten Krümel und Spielsachen verstreut. Zu Hause gab es das nicht, und Julian hatte das auch bald verstanden und irgendwann beides genossen: das fröhliche Chaos bei »Mammi« und Ruhe und Ordnung bei seiner Mutter.

Die Wohnung, in der Dorothee und Julian jetzt zusammen leben, ist tatsächlich blitzsauber, nirgends ist ein Kinderchaos zu entdecken. Es ist eine Siebzig-Quadratmeter-Mietwohnung mit Balkon in einem netten Stadtteil von Bonn. Alles ist schick. Vor allem Dorothee Müller. Sie ist perfekt geschminkt, die Haare modisch gestylt, die Kleidung eher lässig – sie war gerade mit ihrem Sohn im Erlebnisaquarium. Haie und Rochen gucken, leider gab es keine Clownsfische. Aber trotzdem war es spannend.

Julian ist inzwischen acht und spielt am liebsten am Computer. Er geht in eine internationale Privatschule. Der Unterricht wird auf Englisch abgehalten, geht bis in den Nachmittag, die Klassen sind klein, die Betreuung intensiv. Um vier Uhr holt Dorothee ihn meist ab, wenn er nicht noch zur Fußball-AG geht.

Die Schule kostet natürlich Geld, aber Dorothee Müller kommt inzwischen gut über die Runden. An eines hat sie nie ernsthaft gedacht: gar nicht zu arbeiten, zu Hause zu bleiben. »Diese Wirtschaftswundermentalität, dass das Kind den ganzen Tag bei der Mutter sein soll, sonst verarmt es emotional, das hilft doch keinem weiter. Das passt einfach nicht zum richtigen Leben.«

Natürlich hat sie von den anderen Müttern im Kindergarten, den Vollzeitmuttis, gelegentlich einen dummen Spruch gehört. »Die raunen dann: ›Frau Müller kommt mal wieder in letzter Minute.‹ Und ziehen die Brauen hoch, wenn ich einen gekauften Kuchen mit zum Sommerfest bringe und keinen selbstgemachten

Mohnstrudel mit handgeschnitzten Entchen drauf. Aber dazu stehe ich. Zu Hause gibt es auch eher Fertignudeln und keine handgeschabten Spätzle.«

Dorothee Müller studierte an der Fachhochschule, jetzt arbeitet sie als Beraterin in Sachen Adressmanagement bei einer Tochterfirma der Deutschen Post. Sie hat einige Chefs erlebt. Der erste richtete ihr ein Home Office ein, damit sie zeitweise von zu Hause aus arbeiten konnte und die Tagesmutter nur für drei Tage in der Woche brauchte. Und sogar als Kollegen gegen die »Extrawurst« stänkerten, verteidigte sie ihr Vorgesetzter. Der nächste Boss war ein richtiger Kinderfeind. »Der rief immer am Freitag um 17 Uhr an, wollte irgendeinen Status von einem Kundenprojekt wissen. Nur um zu sehen, ob ich noch arbeitsbereit bin.« Als Julian mal schwer krank war und Dorothee zu Hause bleiben musste, wollte er ihr keinen Sonderurlaub geben. Da beschwerte sie sich bei der Personalabteilung, und dann ging es eben doch.

Inzwischen ist dieser Mann längst weg. Es läuft reibungslos. Im Büro powert sie durch. »Man schafft einfach mehr als andere in der gleichen Zeit.« Und wenn nachmittags ein Kunde anruft und irgendwas bis zum nächsten Tag braucht, dann macht sie das abends am PC zu Hause. Oder Julian kommt noch mit in die Firma, setzt sich an einen freien Computer oder malt. Man müsse eben flexibel sein, sagt Dorothee Müller. »Und im schlimmsten Fall sage ich eben auch mal ein wichtiges Meeting ab, wenn mein Kind sich morgens plötzlich übergibt, weil in der Schule ein Magen-Darm-Virus umgeht.«

Julian war kein Wunschkind, aber er ist eins geworden. Und zwar nicht nur das Wunschkind seiner Mutter. Er ist der Wunschenkel seiner Oma, Wunschneffe seines Onkels. Und der Wunschstiefsohn von Dorothee Müllers neuem Freund. Uwe ist inzwischen bei den beiden eingezogen, er ist Vertriebsleiter und pendelt zwischen der Wohnung, in der er auch ein Home Office hat, und seinem Arbeitsplatz, der zweihundert Kilometer entfernt liegt, hin und her. Und wenn Dorothee für ein paar Tage weg ist, dann kommen die Männer auch sehr gut ohne sie klar – im Kino, bei McDonald's, an der Carrerabahn. Uwe hat zwei leibliche Töchter, schon Teenies, die in Stuttgart bei der Mutter leben. Seit der Scheidung besucht er sie regelmäßig, aber er lebt mit Dorothee und Julian.

Auch wenn alles ganz anders gekommen ist als geplant, sagt Dorothee: »Es war sehr gut so. Ein Kind macht viel mehr Spaß, als ich dachte. Und Julian hat mich verändert. Ich bin keine überhebliche Tussi mehr, nicht mehr so verbissen, flippe nicht mehr gleich aus, wenn was schief geht.« Manchmal ist sie ein bisschen traurig, dass sie nicht mehr spontan zum Flughafen fahren kann, um zu sehen, in welcher Maschine noch ein Platz frei ist. »Andererseits: Wenn ich dann drei Tage beruflich unterwegs bin, packt mich die Sehnsucht so heftig, dass ich Julian am Telefon ganz schön auf die Nerven gehe.«

Wie wäre ihr Leben verlaufen, wenn sie kein Kind bekommen hätte? Sie würde vielleicht eine Abteilung in ihrer Firma leiten. Möglicherweise im Ausland arbeiten. Ihr Englisch wäre besser. Wäre sie glücklicher?

Dorothee Müller bezweifelt das stark, sie ist »superfroh« über ihre Situation. Wenn sie abends noch in der Kneipe sitzt und um elf gehen muss, um den Babysitter abzulösen, wenn dann die anderen, die kinderlosen Kollegen sagen: »Ach, mit der Müller ist heute nichts los!«, dann lächelt sie in sich hinein und denkt: Ihr wisst ja gar nicht, was ihr verpasst.

Ihre drei engsten Freundinnen sind um die vierzig und ahnen langsam, was ihnen entgeht. Alle drei sind kinderlos und gar nicht so glücklich damit. Es fehlt ein Partner, der richtige Mann, möglichst ohne »Altlasten«. Da kann Dorothee nur begrenzt trösten, sie findet ja selbst, dass ein Kind das Größte ist. Besonders dann, wenn Julian sich morgens auf leisen Sohlen ins Schlafzimmer schleicht und einen Zettel aufs Kopfkissen legt, auf dem steht: »Hallo, Mama! Gut geschlafen?« Mit Herzchen drum herum. »Das«, sagt Dorothee Müller, »ist nicht zu toppen.«

2 Kinder sind Stress

Kinder kriegt man nicht einfach und zieht sie dann, so gut es geht, groß. Eine Mutter opfert sich auf. Ihr Leben wird unwichtig. Das Kind bedeutet alles. Denn nur eine Mutter kennt die Bedürfnisse eines Babys und weiß, wie man es betüdelt. Wenn schon, denn schon. Als Mutter hat man perfekt zu sein. Je weniger Kinder es gibt, desto mehr Trara wird um sie gemacht. In Deutschland gibt es inzwischen einen richtigen Kult ums Kind.

Und der ist so anstrengend wie überflüssig. Natürlich muss man ein paar Dinge beachten, etwa in der Schwangerschaft auf Alkohol, Zigaretten und rohes Fleisch verzichten und zu den Vorsorgeuntersuchungen beim Frauenarzt gehen. Man sollte sein Neugeborenes – wenn es irgendwie geht – stillen, natürlich mit ihm spielen und kuscheln, seine Sinne anregen. Man sollte dafür sorgen, dass ein Kleinkind vernünftig ernährt wird, genug Bewegung und Gelegenheiten zum Spielen und Lernen hat. Und bei der Erziehung sollte man den guten alten Pädagogenrat beherzigen: Liebe geben! Grenzen setzen!

Aber viel mehr ist gar nicht nötig. Auch wenn den Frauen ständig etwas anderes vorgemacht wird, in Ratgebern, Elternzeitschriften und Kursangeboten. Wer alles ernst nimmt, was so geschrieben und beworben wird, der macht sich selbst nur verrückt und aus dem Kinderkriegen eine unlösbare Aufgabe.

Neun Monate Psycho-Stress

Der Stress beginnt schon vor der Schwangerschaft. Folsäure sollen Frauen schon Wochen vor der Empfängnis einnehmen. Also, beim ersten Aufkeimen eines Kinderwunsches beginnt man am besten mit der Planung. Aber mit Tabletten ist es nicht getan. Die richtige Ernährung während der Schwangerschaft kann in harte Arbeit ausarten. Was man einerseits nicht essen oder trinken darf, andererseits aber zu sich nehmen muss! Nicht nur Bier, Zigaretten und blutige Steaks sind verboten, roher Fisch, rohe Eier und Kaffee auch. Salami, Schinken, Leber, Rohmilchkäse, Sushi, Zabaione oder selbstgemachte Mayonnaise, Sauce Hollandaise – alles nicht erlaubt. Lauern dort doch überall infektiöse Listerien, Salmonellen oder Schwermetalle. Und wer die Sache ernst nimmt, verzichtet auch auf grünen Tee und Ingwer – sie sollen angeblich Wehen fördern. Kaffee erhöht wiederum das Fehlgeburtsrisiko.

All das also nicht. Dafür bitte schön fünf bis sechs Mahlzeiten am Tag. Zweimal die Woche Meerfisch – wegen des Jods. Bei Jodmangel droht Zwergenwuchs mit Intelligenzeinschränkung! Viel Eiweiß, das ist keine Frage, es ist der Baustein fürs Kind. Täglich einen Liter fettarme Milch – da kommt man nicht drum herum, wird dadurch doch das Kalzium für den Knochenaufbau zugeführt. Gerste und Weizenkeime sind wichtig für die Folsäurezufuhr, sonst drohen offener Rücken oder Lippen-, Kiefer-, Gaumenspalte. Bitte auch unbedingt mit Roter Bete und Fleisch gegen einen möglichen Eisenmangel anessen (Anämiegefahr!). Aber bloß keinen schwarzen Tee dazu trinken (Eisenräuber!), stattdessen Orangensaft. Kohlenhydrate sind wichtig, aber bitte insgesamt nur vierhundert Kalorien mehr als sonst, deshalb keine »leeren« Kalorien, sprich Süßigkeiten, sondern Vollkorn. Frauen, die das Glück hatten, noch nie im Leben eine Diät halten zu müssen, kommen in der Schwangerschaft endlich in diesen »Genuss«. Gegen die Ernährungsratschläge für Schwangere sind Weight-Watchers-Regeln ein Witz. Da kann man sich doch wirklich fragen, ob man Frauen nicht besser verbieten sollte, Kinder auszutragen.

Das ganze Essen nach Plan ist wohl eher ein Hobby. Zumal der Frauenarzt das, was wirklich nötig ist, ohnehin verschreibt. Man kann auch versuchen, es sich einfach gutgehen zu lassen. Schwanger zu sein bedeutet ja nicht, krank zu sein.

Nächster Stressfaktor: Die leidige Hebammenfrage. Man gab mir den Rat, in meiner ersten Schwangerschaft, eine persönliche Hebamme zu engagieren, unabhängig vom Krankenhaus, die mich auf die Geburt vorbereitet, die mir beisteht, wenn es so weit ist und auch so lange bleibt, bis das Kind da ist. Denn in der Klinik arbeiten die Hebammen ja im Dreischichtsystem, wechseln also während einer Geburt durchaus mal. Als ich anfing, eine Geburtshelferin zu suchen, war ich im sechsten Monat schwanger. Am Telefon erfuhr ich, ich sei Monate zu spät dran. Das bedeutet: Am besten rennt man mit dem positiven Schwangerschaftstest in der Hand gleich los und hält Ausschau. Mir blieb nichts anderes übrig, als eine lange Liste abzutelefonieren, wobei ich mir eine Abfuhr nach der anderen holte. Eine Hebamme wies mich zurecht, gewährte mir dann aber doch eine Audienz. Ich fuhr durch die halbe Stadt, um bei einer Frau zu landen, die ich entsetzlich fand, weil sie mich wie eine dumme, brütende

Gans behandelte. Ich beschloss, darüber hinwegzusehen, meinem ungeborenen Kind zuliebe. Zu allem, was ich über meine Krankengeschichte und meine Schwangerschaft sagte, behauptete sie rundweg das Gegenteil von dem, was mir mein Frauenarzt erzählt hatte. Ich erfuhr, dass meine Unterleibsoperation vor Jahren überflüssig war und meine vorangegangene Fehlgeburt kein erhöhtes Risiko für die Schwangerschaft sei. Dass man mit Bachblüten etwas gegen die Angst tun kann und Akupunktur hilft, wenn das Kind überfällig ist. Und dann machte diese Hebamme ihr abschließendes Angebot: Ja, sie würde mich nehmen und mein Kind auf die Welt bringen. Aber nur, wenn ich jede zweite Vorsorgeuntersuchung bei ihr auf der Untersuchungsliege absolviere. Natürlich total ökologisch und vollkommen frei von medizinischen Apparaten. Mein Frauenarzt, der mich seit zehn Jahren kannte, zur Unterleibs-OP ins Krankenhaus geschickt, durch drei Jahre Kinderwunsch begleitet, der das Wort »Risikoschwangerschaft« in meinen Mutterpass geschrieben hatte, dieser Frauenarzt sagte: »Sie können gerne zu jeder Hebamme gehen, aber ich will Blutwerte und Ultraschallbilder sehen, nur so kann ich die Verantwortung übernehmen.« Da habe ich erleichtert aufgegeben. Und das war genau richtig.

Jede der Hebammen, die mir später im Krankenhaus begegnet sind, war hilfreicher. Weil sie nicht lange diskutiert, sondern im richtigen Moment konkrete Tipps gegeben haben, während der Geburt und beim Umgang mit dem Säugling. Die frustrierende Suche nach einer persönlichen Hebamme hätte ich mir besser erspart. Aber nachher ist man ja immer schlauer.

Nächster Punkt auf der Liste der lästigen Pflichten für

Schwangere: der Geburtsvorbereitungskurs. Der wird vor allem Erstgebärenden dringend empfohlen. Selbstverständlich ist, dass der Kurs auch vom zukünftigen Vater zu besuchen ist. Ob er will oder nicht. Also müssen die »werdenden Eltern« sich auf einen Tennisball stellen, um den Schmerz unter der Fußsohle zu spüren und irgendwie damit umzugehen. Also machen sie Atemübungen und Streichelgelage mit zwanzig wildfremden Menschen. Heimlich schaut natürlich jeder aus den Augenwinkeln: Machen die anderen das auch alles mit? Sie machen. Muss man die Augenlider dabei so albern flackern lassen? Muss man nicht. Aber »Ahhh!« muss man rufen, die Kursleiterin will es so. Und mit den Armen wedeln.

Mich hat das alles sehr seltsam berührt. Unter lauter Unbekannten in Socken zu hocken und über Massagen der Intimregion zu reden. Mit Leuten, mit denen ich aber auch gar nichts gemeinsam habe, außer dem Bauch. Mit denen ich an keiner Bar zusammenstehen will, aber auf dem Teppich liegen muss. Dem Beckenboden nachspüren. Mir ist bis heute nicht ganz klar, was damit gemeint ist. Mein Mann weiß es ganz sicher auch nicht. Ihm ist bei den Terminen dummerweise immer häufiger was dazwischengekommen. Ich war ihm nicht böse. Mir hat das ganze Auf-dem-eklig-drückenden-Tennisball-stehen und In-den-Bauch-atmen herzlich wenig gebracht. Und Schmerzen wegatmen, das werde ich niemals lernen. Ich bezweifle allerdings, dass andere das können. Aber bitte, jeder, wie er will. Nichts gegen Geburtsvorbereitungskurse, nein, überhaupt nicht, ich will nur sagen, zwingend sind sie nicht.

Und alles andere kann man sich wirklich sparen. Bücher zu speziellen Fragestellungen etwa: Wie bleibe ich schön in der Schwangerschaft? Wie entspanne ich mich mit Bauch? Wie mache ich aus meinem Kind schon vorgeburtlich einen guten Menschen? Es gibt Kochbücher, Fitnessanleitungen und sogar Erziehungsratgeber (!) für Schwangere, einen Schwangerschaftskalender für Papa, eine CD fürs Ungeborene, die da heißt »In Utero«. Wer braucht so was?

Was ich über Schwangerschaft und Geburt wissen musste, habe ich in zwei sorgfältig ausgewählten Büchern gelesen: *Schwangerschaft und Geburt* von Birgit Gebauer-Sesterhenn und der Bestseller *Ein Kind entsteht* von Lennart Nilsson. Und das war sehr erhellend und spannend. So viel weiß man ja in der Regel nicht über den genauen Entwicklungsprozess, und bei Lennart Nilsson kann man sich das auf beeindruckenden Fotos ansehen. Es macht richtig Spaß nachzugucken: Wo bin ich jetzt, in der siebten, zwölften, zwanzigsten Woche? Wie sieht es aus in meinem Bauch? Aber alles andere, eben den Geburtsvorbereitungskurs, die Suche nach einer passenden Hebamme und etliche Ratgeber und Elternzeitschriften hätte ich sicher nicht gebraucht. Beim zweiten Kind macht man das sowieso nicht mehr mit. Dann gibt es Wichtigeres, nämlich sich gleichzeitig noch um das erste Kind zu kümmern. Dann ist man gelassener, fragt nicht mehr derartig viel, sondern macht einfach.

Niederkommen auf hohem Niveau

Wo und wie sollen wir gebären? Sitzend, stehend, liegend – auf dem Trockenen oder im Wasser? Diese Fragen kann man sich monatelang stellen und immer wieder neu beantworten. Jedes Krankenhaus bietet permanent Info-Abende an. Da wird dann der Kreißsaal vorgeführt, das Frühstücksbüfett, die Familienzimmer und die Gebärwanne. Fragen werden zuhauf gestellt: Wie hoch ist die Kaiserschnitt-Quote? Wie oft werden hier Rückenmarksspritzen gegen Schmerzen gesetzt? Und was ist mit Dammschnitten? Immer gilt: Je geringer die Quote der ärztlichen Eingriffe, desto mehr Pluspunkte für die Klinik. Weil ja die böse Schulmedizin den Frauen die innere Weisheit stiehlt, die sie in die Lage versetzt, selbstbestimmt, stress- und schmerzfrei ihr Kind zu bekommen.

Auch hier gilt: Alles geht. Nichts muss. Aber man soll nicht glauben, man könne alles wissen und sei gefeit, vor Überraschungen zum Beispiel. Bei mir kam jedenfalls alles anders. Ich dachte, ich hätte im Geburtsvorbereitungskurs zumindest eine Ahnung davon bekommen, was eine Wehe ist und wie man sie als solche erkennt. Drei Wochen vor dem Geburtstermin hatte ich mir dummerweise eine Blaseninfektion eingefangen, es zog also im Unterleib. Die Infektion hielt mich aber nicht davon ab, wie geplant abends für Freunde zu kochen. Ich erledigte das sitzend, in einem Stuhl, zwischendurch krallte sich meine Hand in der Armlehne fest, wegen der Schmerzen. Aber das Kochen ging ganz gut, mit Vorspeise, Hauptgang, Dessert. Vielleicht war das Essen nicht gerade meisterhaft, aber immerhin anständig zubereitet und gerne gegessen. Nach dem letzten Löffel flambierte Ananas mit Vanilleeis hatte ich dann doch das Gefühl, es wäre besser, in der Klinik nachzufragen. Die Krämpfe im Bauch könnten vielleicht doch irgendetwas mit der Schwangerschaft zu tun haben.

Im Krankenhaus stellten wir sofort klar, dass es bei mir

nicht um eine anstehende Geburt gehen könne, es waren eben noch drei Wochen bis zum Termin. Aber das war ein Irrtum. Bei der Untersuchung stellte sich heraus: Der Muttermund hatte sich schon sieben Zentimeter geöffnet. Andere Erstgebärende liegen dafür zehn Stunden in den Wehen. Ich war also schon mittendrin in der Geburt und kam gleich in den Kreißsaal. Leider ging es nicht ganz so schnell weiter, aber zur Frühstückszeit war unsere Tochter da.

Doch aus einem Frühstück wurde nichts. Als mein Neugeborenes gerade auf meinem Bauch lag, merkte die Hebamme, dass das Kind nicht atmete, das Herzchen stillstand. Sofort war mein Baby verschwunden. Aus dem Augenwinkel konnte ich verfolgen, wie meine Tochter auf dem Tisch lag, der Arzt auf ihrem Brustkorb pumpte und mein fünf Minuten altes Mädchen wiederbelebte. In diesem Moment lief ein Trupp Kinderärzte in den Kreißsaal ein, griff sich das Kind und brachte es mit Blaulicht in die Uniklinik. Eben noch dachte ich, dass das Drama vorbei sei, da begann es erst. Als ich meine Tochter zum ersten Mal angucken konnte, am Nachmittag, da lag sie auf der Neugeborenen-Intensivstation zwischen schwerstkranken und behinderten Babys, die mit dem Leben kämpften. Ihr Kopf war vollständig verklebt mit Elektroden, rund um die dicke Nadel mit der Infusion in der Schläfe, um sie herum lauter piepende Überwachungsmonitore. Da hatte sie schon wieder problemlos geatmet, ihr Herzchen rhythmisch geschlagen. Und es gab Gott sei Dank auch nie wieder ein Problem. Jeden Tag wurde es besser. Irgendwann klappte es sogar mit dem Stillen, und nach einer Woche wurde unsere Tochter mit der Diagnose »Anpassungsschwierigkeiten«

entlassen. Jedenfalls wussten wir jetzt: Dieses Kind ist fit, komplett durchgecheckt, es atmet und trinkt. Und interessanterweise ist es inzwischen ein sehr anpassungs-*fähiges* Kind.

Bei unserem Sohn, unserem zweiten Kind, war es nicht viel besser. Ich hatte einen Kaiserschnitt-Termin festgelegt, damit mir so etwas wie bei der Geburt unserer Tochter nicht noch mal passiert. Aber mein Zweitgeborener kam sogar sechs Wochen zu früh, und damit natürlich auch vor dem geplanten Kaiserschnitt. An Heiligabend platzte die Fruchtblase. Fünf Tage hielten wir es gemeinsam in der Klinik aus, dann wollte mein Sohn raus. Die Geburt war ein Klacks, aber das Kind war eben auch klein. Und eigentlich war es noch nicht reif für die Welt. Auch er atmete nicht richtig, kriegte einen Schlauch in den Hals und einen Platz auf der Frühgeborenenstation. Die künstliche Beatmung konnte aber schnell wieder beendet werden, und mein Frühgeborener wurde mit seinen zwei Kilo auf der Station nur »das dicke Kind« genannt. Kein Wunder, angesichts all der anderen superzarten Frühchen.

Kaum war der Kleine dann endlich zu Hause, war er allerdings auch schon wieder weg. Er hatte einen Leistenbruch und dadurch abgeklemmte Organe, eine Notoperation folgte. Beim Ziehen der Fäden dann die nächste Diagnose vom Kinderarzt: Leistenbruch auf der anderen Seite. »Und den Nabelbruch machen wir gleich mit.« Das Herzzerreißendste, was ich je mit meinen Kindern erlebt habe, war die Nacht vor der zweiten OP, in der mein Baby nüchtern bleiben musste, ich es also nicht stillen durfte und kaum trösten konnte. Heute ist unser Zwei-Kilo-Kind das, was man »gut im Futter« nennt oder einen »kräftigen Kerl« – wenn man sich nicht eingestehen will, dass er einfach ein bisschen speckig ist. Mit Kindern kommt eben vieles anders als man denkt. Manchmal ist es dramatisch. Aber fast immer gibt es ein Happyend. In jedem Fall ist so eine Geburt eine existenzielle Erfahrung.

Und jetzt geht es richtig los: Guter Rat und Unrat

Das war alles kein Spaß. Aber immerhin habe ich mir dadurch den üblichen Das-Kind-ist-da-Stress im Krankenhaus gespart. Der geht so: Das Baby ist selbstverständlich jede Minute bei der Mutter im Zimmer. Das der anderen Mutter im Bett nebenan auch. Insofern schläft in diesem Raum niemand wirklich. Aber immer noch besser, als das Kind auf die Säuglingsstation abzuschieben, wo es möglicherweise nicht im Bedarfsfall binnen Sekunden die Brust im Mund hat. Im schlimmsten Fall könnte eine Schwester auf die Idee kommen, Tee aus der Flasche zu geben. Nicht auszudenken! Wo doch jeder weiß, was die Folgen sind: Allergien! Entfremdung!

Wenn ums Schwangersein und Gebären schon so viel Theater gemacht wird, dann hört das natürlich mit dem Kind im Arm nicht auf. Auch nach dem Krankenhaus, zu Hause. Es geht immer weiter: Stillen nach Bedarf, also durchaus stündlich, auch nachts. Bloß kein aufgezwungener Rhythmus. Und natürlich möglichst lange stillen. Mindestens bis zum ersten Jahr. Also über die ersten Zähne hinaus. Aua.

Und so lange gelten dann auch die verschärften Ernährungsvorschriften für die Mutter. Zu all dem, was man vorher schon nicht durfte, kommen jetzt fast alle

Gemüsesorten hinzu, insbesondere Kohl; Zwiebeln und Knoblauch gehen natürlich auch nicht. Scharfe Sachen sind ganz streng verboten, ebenso sämtliche Zitrusfrüchte. Nüsse können schwierig sein, auch Milch und Weizen. Alkohol bleibt prinzipiell tabu. Ein Gläschen Sekt zum Anregen des Milchflusses ist die Ausnahme.

Damit wir uns nicht falsch verstehen: Stillen ist natürlich das Beste, was man tun kann. Für das Kind und auch für sich selbst. Erstens fühlt es sich gut an und zweitens ist es ungeheuer praktisch, weil man die Babynahrung immer frisch und in der richtigen Temperatur bei sich hat. Aber man muss auch kein Dogma daraus machen.

Übrigens auch nicht aus der Abstinenz. Die Wahrheit ist: Wenn man direkt nach dem Stillen zwei Gläser Wein trinkt, dann landet davon praktisch nichts in der Milch, die das Kind drei oder vier Stunden später bekommt. Um einen messbaren Schwips in die Milch zu kriegen, müsste man sich schon bis zur Bewusstlosigkeit betrinken, dann könnte man allerdings wohl auch sein Kind nicht mehr anlegen. Aber das sagt einem ja keiner. Also bleiben stillende Mütter abstinent. Und was ein guter Vater ist, der macht mit. Er hilft natürlich auch, wo es geht, wenn er nicht gerade arbeitet, also nachts. Schon aus Solidarität. Getrennte Betten? Das ist das Ende! Wir sind doch glücklich miteinander, eben nur schlaflos.

Ein Schnuller kommt natürlich nicht in die Tüte. Nuckelflaschen sind tabu. Karies! Zungenfehlstellungen! Sprachfehler! Und weil das Kind ja Körperkontakt braucht, wird es den ganzen Tag im Tuch herumgetragen. Was natürlich zur Folge hat, dass es tatsächlich zuverlässig schreit, sobald man es hinlegt, und sei es auch nur zum Spielen aufs Schaffell. Deshalb schläft es am besten gleich bei Mama und Papa im Bett – und wird bei jedem leisen Moppern gestillt.

So geht das ein knappes Jahr. Dann gerät alles außer Kontrolle, weil das Kind rollt, robbt, krabbelt und sich hochzieht – aber ein Laufstall, ein »Kinderknast«, kommt natürlich nicht in Frage. Also werden alle Regale und Schränke bis auf einen Meter Höhe ausgeräumt und an die Wand gedübelt. Antiquität? Designerteil? Klassiker? Egal! Herde und Ecken gehören umfassend verkleidet, sämtliche Steckdosen verklebt. Alles wird verpampert, Wohnen in der Gummizelle ist angesagt. Man will das Kind ja nicht damit frustrieren, dass es irgendetwas nicht darf.

Bei diesem Tanz ums Goldene Kind gibt es zwei Richtungen. Erst mal die bürgerliche Mega-Mama. Angesiedelt im oberen Mittelklassesegment und stark beschäftigt mit Leistungsschau. Sie betreibt eine Art nachbarschaftliche Kinderkonkurrenz. Wer hat den hipperen Buggy, kleidet seine Tochter in noch mehr Rosa, bringt den Sohn eher dazu, Geige zu lernen. Zum perfekten Bild gehört natürlich Mamas silbergrauer Minivan und ihre blonden Strähnchen. Die andere Mama-Mania-Kategorie ist die Öko-Feministin. Sie ist der eher natürliche Typ, lebt und – ganz wichtig – propagiert die absolute Mutter-Kind-Symbiose. Stillen bis zum Kindergarten, Tragetuch statt Kinderwagen, niemals Zucker in der Nahrung, alles Bio, Familienbett für immer, Bernsteinkettchen statt Fläschchen. Diese Mütter richten Kinderzimmer nach Feng-Shui-Regeln ein, suchen Holzspielzeug aus, gehen immer erst zum Homöopathen, bevor sie einen herkömmlichen Kinderarzt aufsuchen. Sie haben ja auch nichts Besseres zu tun, denn jetzt richtet sich die ganze Professionalität dieses eher spät gebärenden Mutterprototyps auf ihr Kind. Arbeiten war gestern, jetzt ist Erziehen dran. Denn eine Berufstätigkeit bringt man in so einem stressigen Mutterleben natürlich nicht mehr unter.

Im Kindergartenalter geht es dann meist los mit dem Freizeit- und Förderterror. Das Angebot ist erschlagend: »Zweisprachiger Kindertanz für Drei- bis Fünfjährige« – leider nur Deutsch und Englisch. Wer sein Kind bloß zweisprachig *spielen* lassen möchte, der bekommt schon mehr geboten: Spanisch, Französisch, Italienisch in drei Altersstufen. Der »Mini-Art-Club« bietet Malkurse: »Schritt für Schritt zum kleinen Künstler.« Ganz wichtig ist auch die musikalische Früherziehung, da können Eltern schon mit ihren Sechs-Monats-Babys gemeinsam musizieren. Wie das dann wohl klingt? »Eltern-Kind-Singen« ist natürlich auch im Angebot. Und wenn die Zeit nicht mehr für den Spielplatz um die Ecke reicht, dann sollte man vielleicht hier auftauchen: »Angebote für Eltern und Kinder zur Vermeidung von Bewegungsmangel«. Viel Spaß dabei!

Es geht auch eine Nummer kleiner!

Ob es das Beste für ein Kind ist, jederzeit und über Jahre bedingungslos in den Mittelpunkt gestellt zu werden, das wage ich zu bezweifeln. Irgendwann lernt jeder Mensch, dass da auch andere sind, mit eigenen Interessen und Bedürfnissen. Wer dies nicht gleich kapiert, für den wird es später umso schwieriger.

Und gerade Babys wissen eben *nicht* immer von alleine alles besser. Deshalb haben sie ja Eltern! Sie meinen vielleicht, dass es nett wäre, alle naselang Milch zu bekommen. Tatsächlich kommen sie wunderbar damit zurecht, wenn man ihnen klarmacht, dass es »nur« alle vier Stunden etwas gibt und nachts gar nichts. Grenzen sind wichtig, und nach einigen verlangen Kinder geradezu.

Wenn ein Baby im Bett der Eltern schläft, dann kann das nicht nur für die Eltern irre anstrengend sein, sondern auch für das Kind. Schließlich wälzen sich auch Erwachsene nachts herum und machen Geräusche. Ein Laufstall muss kein Gefängnis, sondern kann auch ein Refugium sein. Babykost aus dem Gläschen ist zwar nicht frisch zubereitet, aber immerhin streng kontrolliert und jedenfalls viel praktischer als selbstgekochte Pastinaken. Und das ist ja auch was wert.

Meine Tochter ist lehrbuchmäßig ernährt worden. Beim ersten Kind habe ich die ganzen Ratgeber und Anleitungen ja noch gelesen. Also: ein halbes Jahr voll stillen, dann jeden Monat etwas Neues zufüttern. Und zwar immer nur genau eine Lebensmittelsorte, damit man bei roten Pusteln gleich weiß: Aha, Allergie – und zwar gegen Spinat. Bei meinem Sohn lief das nicht ganz so generalstabsmäßig ab. Als ich wieder angefangen habe zu arbeiten und er die abgepumpte Milch aus der Flasche bekam, da hatte er prompt keine Lust mehr auf die anstrengende Brust-Saugerei. Deshalb war nach knapp drei Monaten Schluss mit Stillen, Fertigmilch war angesagt. Ich war selbst ein Flaschenkind – und lebe noch.

Interessant ist, dass unser Sohn heute fast alles, was man ihm vorsetzt, mit Begeisterung vertilgt, gerne Obst, auch Gemüse. Meine Tochter, die vorbildlich Gestillte und nach Lehrbuch Ernährte, ist dagegen eine schreckliche Esserin. Sie konzentriert sich auf Nudeln, Pommes und Würstchen, am liebsten mit Ketchup, und davon reichlich. Sie hat über Jahre – außer Butter – keinerlei Milchprodukte auch nur in ihre Nähe gelassen. Keinen Joghurt, keinen Kakao, natürlich keinen Käse. Gemüse ging gar nicht. Fleisch kam nur als Brät in der Wurst in Frage. Fisch gar nicht. Und je mehr Theater wir darum gemacht haben, desto schlimmer wurde es. Wenn ich Pommes Frites selber gemacht habe, um zu beweisen, dass diese aus Kartoffeln bestehen, dann hat meine Tochter sie zwar mit spitzen Fingern und langen Zähnen gegessen, aber pausenlos betont, dass sie »richtige« Pommes besser findet. Wenn ich ihr Erdbeeren oder Ananas vorsetzen will, wirft sie mir bis heute einen entsetzt vorwurfsvollen Blick zu: Aber Mama, das ist doch O-B-S-T! So, als würde sie »Gift« sagen. Nur Apfelsaft akzeptiert sie, klaren Apfelsaft aus der Packung, niemals frisch gepresst. Weil sie aber immer ziemlich gesund war und keine Mangelerscheinungen aufwies, haben wir irgendwann aufgehört, uns bei ihrer Ernährung auf den Kopf zu stellen. Und siehe da: In der Kita, der Kindertagesstätte, fing unser Kind plötzlich an, Kartoffeln zu essen, Reis, Fleisch, Saucen, Joghurts, Suppen, Pudding, Fischstäbchen und – unglaublich! – selbstgemachtes Bananenbrot, also quasi Giftbrot.

Uns Eltern wird weisgemacht, dass wir praktisch ständig zu wenig tun oder sogar etwas falsch machen. Dass wir unsere Babys, die uns vollkommen geschenkt worden sind, durch irgendein katastrophales Fehlverhalten beschädigen. Natürlich: Kinder haben eine gewaltige Zukunft. Es kann unglaublich viel passieren. Tausend Dinge können schiefgehen. Was kann man tun? Nichts. Sein Bestes geben, seine Liebe.

Müssen Eltern sich pädagogisch fit machen? Viele Entwicklungspsychologen sagen: »Eher nicht, die Natur hat ganz gut vorgesorgt.« Die meisten Väter und Mütter gehen mit ihrem Säugling intuitiv richtig um. Sie halten den richtigen Abstand, damit das Kind die Gesichter der Eltern erkennen kann, sie reden in einem angemessenen Tonfall, haben eine babygerechte Mimik und Gestik. Diese Psychologen meinen, Eltern verhalten sich von ganz allein didaktisch so geschickt, als ob sie es im Lehrbuch gelesen hätten. Natürlich kann man sich für alles eine Anleitung besorgen: Wie fördere ich Babys Tastsinn, sein Gehör, den Geschmackssinn und – nicht zu vergessen – das Sehen? Das tut man aber ohnehin, wenn man mit einem Säugling spielt, isst und singt.

Und es macht auch bestimmt nicht viel Sinn, ein Grundschulkind jeden Nachmittag zu einer anderen Form von Unterricht – Schwimmen, Tanzen oder Flöten – zu kutschieren. Wer aus seiner Tochter eine Primaballerina-Olympionikin-Solistin machen will, bitte. Wer ein glückliches Leben für sich und seine Kinder möchte, der sollte sehen, dass es möglichst viele andere Kinder rundherum gibt. Sich selber was ausdenken, draußen spielen, Sachen suchen, sich auseinandersetzen und zusammenraufen – das ist doch wohl das Wertvollste, was man lernen kann. Und außerdem macht es wesentlich weniger Arbeit als die durchorganisierten Gluckennummern mit gut über die Woche verteilten Unterrichtseinheiten.

Warum machen Mütter so etwas? Vielleicht, weil sie tatsächlich glauben, es sei das Beste fürs Kind – und weil sie es eben über alles lieben. Vielleicht, weil sich ihre Mütter auch aufgeopfert haben. Vielleicht klammern sie sich auch daran, weil es sonst wenig Sinn macht, den Job aufzugeben. Vielleicht, weil jedes einzelne der wenigen Kinder in unserer Gesellschaft unendlich kostbar wird. Vielleicht machen wir uns auch nur zu viele Sorgen, weil wir ständig lesen, hören und sehen, wie gefährlich das Leben ist.

Jüngere Eltern sind eher keine Bedenkenträger, haben weniger Angst, auch vor dem Chaos. Je älter und gebildeter die Eltern sind, desto komplizierter wird es. Sie haben studiert, eine Ausbildung gemacht, um den Job gut erledigen zu können. Jetzt wollen sie lernen, wie man mit Kindern alles richtig macht. Und es gibt eben immer mehr Spätgebärende.

Ich neige auch zum Perfektionismus. Schrecklich. Meine Kinder haben mir endlich beigebracht, mit halben Sachen zu leben. Natürlich ist es wichtig, dass die Kinder spüren, sie werden bedingungslos geliebt. Und selbstverständlich muss man konsequent sein, darauf achten, dass die Regeln, die man aufstellt, eingehalten werden. Aber das ist auch schon fast alles, worauf es wirklich ankommt. Der Rest ist Durchwursteln. Man kann nicht alles hundertprozentig richtig machen. Familienleben bedeutet das Ende von Perfektion. Mit den Kindern kommt das Chaos.

Ich gebe zu, das nervt manchmal. Gerade, wenn man sich vorgenommen hat, noch schnell eine Mail zu schreiben und dann aber erst mal feuerwehrmäßig ein spuckendes Kind beruhigen und umziehen muss. Wenn man pünktlich zu einem Termin will, aber noch zweimal zurück ins Haus muss, weil jemand plötzlich Durst oder die Hosen voll hat. Aber man lernt auch als gute Deutsche mit ausgeprägten Sekundärtugenden erstaunlich schnell, damit umzugehen, es als gegeben hinzunehmen, mit großer Gelassenheit über den eher unwichtigen Dingen zu stehen. So wie Sauberkeit und Ordnung.

Kinder zu erziehen bleibt natürlich anstrengend. Das wird man nie ganz wegkriegen. Wer am liebsten den ganzen Tag auf dem Sofa hockt und fernsieht, für den ist Familie dann vielleicht doch eher nichts. Aber anstrengender als jedes halbwegs aufwendige Hobby sind Kinder mittelfristig auch nicht. Und eine ganze Menge Stress kann man sich wirklich sparen. Wenn man ein echtes Problem hat, ist ein Ratgeber und erst recht eine Beratung bestimmt sinnvoll. Ansonsten haben die vielen Tipps eher den Effekt, dass man zu viel und zu lange nachdenkt und zu wenig instinktiv regelt. Genau das macht aber viel Sinn, wenn man mit Kindern umgeht. Man kann nicht für jede Frage eine Antwort nachlesen. Meistens gibt es sowieso drei Antworten, je nach Ratgeber. Und außerdem muss es in der Regel schnell gehen.

Zu viel Wissen hilft oft nicht, manchmal schadet es sogar, weil man verkrampft und unsicher wird. Da ich zur Zicke werde, wenn ich in der Nacht weniger als acht Stunden geschlafen habe, habe ich schon im dritten Monat der ersten Schwangerschaft das berühmte Standardwerk *Jedes Kind kann schlafen lernen* gelesen. Und tatsächlich finden sich darin auch plausibel klingende Ratschläge für die vorgeburtliche Durchschlafförderung. Ich habe das nicht nur gelesen, sondern auch beherzigt. Im Ergebnis hat unsere Tochter nach drei Monaten durchgeschlafen – für ein paar Wochen, und danach jahrelang nicht mehr. Bei unserem Sohn gab es kein Programm – und weniger Probleme.

Dieses ganze Wir-müssen-gute-Eltern-mit-Superkindern-werden-Ding ist irre kompliziert und aufreibend und manchmal sogar kontraproduktiv. Dabei geht es doch ums Glücklichwerden. Und das ist ganz einfach. Wenn man sich nicht mit Ansprüchen und Wissen zudröhnt, sondern guckt, was passiert. Und das ist in aller Regel großartig. Kinder sind keine Projekte, die man fleißig vorantreiben muss, sondern Menschen, die geliebt werden und ihren Spaß haben wollen. Und das sollten Eltern auch wollen.

Es gibt bestimmt viele Kinder, denen auch nur *ein* Kurs oder Rat, den ihre Eltern beherzigen, ganz viel helfen würde. Aber deren Eltern lesen keine Ratgeber und interessieren sich ganz grundsätzlich wenig dafür, wie es ihren Kindern geht. Leider gibt es viel zu viele Kinder, die ungewollt sind, die verwahrlosen oder sogar von den Eltern misshandelt werden. Das ist natürlich absolut unverzeihlich. Jedes Kind muss selbstverständlich jederzeit liebevoll betreut, satt und sauber sein.

Ich habe den Eindruck, es entwickelt sich etwas auseinander: Einerseits die Frauen, die viel zu jung sind oder sich überhaupt nicht kümmern. Andererseits die Spätgebärenden, die aus der »richtigen« Kindererziehung eine Wissenschaft machen. Und als drittes Extrem: wohlstandsverwahrloste Kinder, die mit Geld zugeschüttet werden, damit nicht auffällt, dass sich keiner wirklich um sie sorgt. Jede Vernachlässigung ist furchtbar, aber deshalb wird das krasse Gegenteil nicht richtiger.

 **Mutter, Mutter, Kind:
Judith und Vera Steinbeck**

Eine wahre Idylle. Ein hübsches kleines Haus am Waldrand, aus Holz gebaut, große Fenster, der endlose Garten geht in die Landschaft über. Zwei riesige Hirtenhunde tollen herum, Mutter und Tochter, Smilla ist weiß wie Schnee, Akino pechschwarz. Ein kleines Mädchen träumt auf der Treppe, die zur Galerie hochführt. Es ist der ehemalige Stall im früheren Bauernhäuschen. Kim ist sechs, ein sehr konzentriertes Kind, ein bisschen scheu, doch nur bei Fremden – und ausgesprochen redegewandt. Sie rauft sich auch, mit ihren Kumpels aus dem Kindergarten, klettert alle Bäume rauf. Die Eltern sitzen unter der Treppe, vor dem Kamin, manchmal Hand in Hand.

Eine gutsituierte Familie, die Steinbecks. Beide haben ihren Traumjob gefunden, in der Personalleitung eines großen Möbelhauses und in einer Praxis für Psychoanalyse mit bester Adresse.

Die Hunde haben sich hingelegt, Akino schnurrt wie eine Katze, nur lauter. Es ist schon fast zu perfekt, um wahr zu sein. Das Erstaunlichste an diesem Glück: Kims Eltern sind zwei Frauen, Judith und Vera Steinbeck.

Kim ist in Vietnam geboren und mit neun Monaten zu ihren Eltern gekommen, eine Auslandsadoption. Kims leibliche Mutter war damals obdachlos und alleinerziehend, sie hatte schon einen Sohn, ihr Baby Kim zeigte erste Anzeichen von Rachitis. Wahrscheinlich hätte Kim nicht überlebt, einen Arzt konnte sich die Mutter nicht leisten, also fasste sie den Entschluss, das Baby abzugeben.

Als Judith und Vera ihre Tochter in Vietnam kennenlernten, war Kim oft apathisch, reagierte kaum, konnte nicht krabbeln, machte fast keinen Mucks, schrie nicht mal, wenn sie aus dem Bett fiel. Aber es war die berühmte Liebe auf den ersten Blick. Judith und Vera nahmen das Mädchen zu sich ins Hotel, kümmerten sich um sie, redeten und spielten mit ihr, gingen mit ihr in einem Park in Saigon spazieren. Wohl zum ersten Mal in ihrem Leben sah Kim ein Blatt, studierte es ganz genau, minutenlang. Und nach vierzehn Tagen mit ihren neuen Eltern konnte sie lachen, weinen und krabbeln. Kim formte Laute und bekam den ersten Wutanfall. »Das war wie Leben in der Wüste, absolut faszinierend. Und wir waren total glücklich«, erzählt Judith Steinbeck.

Kim kam mit nach Deutschland. Am Flughafen in Frankfurt warteten die Großeltern, die Eltern von Vera. Kim war ihr erstes Enkelkind. Die ersten Wochen und Monate als Familie waren wild. »Diese Anarchie am Anfang, die war toll, aber auch heftig. Ich glaube aber, das Gefühl haben alle Eltern. Irgendwann entwickelt sich dann ein Rhythmus, eine Routine«, sagt Vera.

Nach dem ersten gemeinsamen Jahr beschlossen die Steinbecks, dass jetzt auch der Familienhund Nachwuchs verdient hat und ließen Smilla decken. Und dann ging es gleich weiter mit den turbulenten Zeiten. Kims zweiten Geburtstag feierte die Familie im Naturfreundehaus in Bergisch Gladbach. Hier konnten die Kinder rennen, hier gab es einen großen Spielplatz und eine Grillhütte. Judith ging zu Fuß hin, durch den Wald, auf dem Pfad, den sie schon oft mit Vera gegangen war. »Wir haben dann immer so ein kleines Häuschen angeschaut, das da am Weg stand. Es lag so wunderschön. Es war der Alterssitz eines Bauern.« Und an diesem Tag hing ein kleines, handgeschriebenes Schild im Fenster: »Meistbietend zu verkaufen.« Und wieder war es um Judith und Vera geschehen, sie erstanden das Traumhäuschen.

Der Hund kriegte seine Jungen, Judith war kurz davor, ihre Ausbildung zur Analytikerin abzuschließen, Vera machte ihren Karrierejob. Und dann brachten sie auch noch das baufällige Bauernhaus auf Vordermann. Es war fast eine Ruine, das Dach kaputt, im Stall nur festgetretener Lehm als Boden. Ein halbes Jahr dauerte die Renovierung. »Es kamen reichlich Leute vorbei, die alle mal einen Blick auf das werfen wollten, was wir taten. Und sich dann wunderten, dass es hier nur Frauen gab!« Judith lacht. Aber angefeindet wurden sie nie, es gab nicht mal einen dummen Spruch von den Nachbarn.

Auch Kim hatte bisher kein Problem mit ihren zwei Müttern und dem fremden Aussehen. Sie geht in eine Kindertagesstätte, Öffnungszeiten von halb acht bis vier. Demnächst wird sie eine Ganztagsschule besuchen. Der Rest ist reine Organisation, aber was für eine!

Für jeden Tag gibt es eine Art Stundenplan mit versetzten Zuständigkeiten. Judith steht morgens um sechs auf und geht mit den Hunden raus, um sieben stellt sie sich in den Stau Richtung Stadt, damit sie pünktlich um acht in der Praxis ist. Vera bringt Kim zum Kindergarten, fährt dann weiter zur Arbeit nach Siegen, fünfundsiebzig Kilometer eine Strecke. Jeden Montag holt der Opa aus Aachen, Veras Vater, Kim vom Kindergarten ab, übernachtet mit im Haus und kümmert sich am nächsten Vormittag noch um den Garten. Vera kommt abends gegen acht von der Arbeit und bringt Kim ins Bett, anschließend geht sie noch mit den Hunden raus. Judith arbeitet bis zehn. Dafür hat sie dienstags frei und holt Kim vom Kindergarten ab, manchmal schon um eins, gleich nach dem Mittagessen. An diesem Tag arbeitet Vera bis in den späten Abend hinein ...

So ist das eben, wenn eine Freiberuflerin und eine Managerin ihr Familienleben organisieren. Aber es funktioniert. Judith hätte nie gedacht, dass sie überhaupt mal eine Familie haben würde oder auch nur so etwas wie eine offizielle Beziehung. »Als ich Anfang der Achtziger auf die Straße ging, um für die Homo-Ehe zu kämpfen, da glaubte ich tatsächlich nicht daran, dass ich das noch erlebe!« Bei der ersten Gelegenheit, mit Inkrafttreten des Gesetzes am 1. August 2001, sind Judith und Vera in aller Herrgottsfrühe mit Kim im Kinderwagen zum Rathaus gegangen und haben sich einen Termin geben lassen, um ihre Lebenspartnerschaft eintragen zu lassen.

Als Psychoanalytikerin behandelt Judith Patienten, die Persönlichkeitsstörungen, Ängste, Zwänge oder Depressionen haben und mit ihr die Kindheit aufarbeiten. »Es zeigt sich immer wieder«, sagt sie. »Es sind die ersten vier Lebensjahre, in denen etwas passiert ist, was diesen Menschen zugesetzt hat.« Hat sie aus diesem Grund nicht einen Riesenrespekt davor, ein Kind zu erziehen? »Schon. Aber ich mache es, so gut ich es kann. Und ich bin zu Hause nicht immer sehr professionell. Ich schreie auch mal rum.«

Beide Frauen sind nicht ganz schlank, mit weiblichen Formen. Judith lächelt viel, sie hat einen blonden Bob und ein fast liebliches Gesicht, Typ hübsches Mädchen. Vera hat kinnlange dunkle Haare, wirkt etwas ernsthafter, strenger, aber genauso herzlich. Für die beiden läuft alles so gut, ist so prima geregelt, dass man übermütig werden könnte. Sie hätten gern noch ein zweites Kind. Das ist nicht so ganz einfach für zwei Frauen, eine Auslandsadoption ist für sie inzwischen fast unmöglich geworden, weil es neue internationale Abkommen gibt. Doch noch haben sie nicht aufgegeben, denn der Wunsch ist da: »Es ist eben toll mit einem Kind. Toll und anstrengend und an die Grenzen bringend.« Für Judith ist es ein Glück, mit Kindern zu leben, »weil es so wunderbar ist, zuzuschauen, wie sich die Gedanken formen, wie jeden Tag die Welt ein Stück größer wird. Das ist einfach klasse, da dabei sein zu dürfen.«

3 Ich will meine Freiheit

Familienleben. Das Wort wird im öffentlichen Sprachgebrauch gern gleichgesetzt mit »haufenweise Ansammlung von lästigen Pflichten und grässlichen Gefahren«. Eine Mutter droht ständig unter den Beschwernissen des Alltags zusammenzubrechen, aufgefressen von gierigen Windelträgern, Problemessern, Jammerkranken, Aufmerksamkeitsjunkies. Aufgerichtet nur von ihrem tapfer das Geld heranschaffenden Mann. Und einmal im Jahr, nicht zu vergessen, von den selbstgebastelten Papierblümchen zum Muttertag.

Kurioserweise sind es aber vor allem die Männer, die Angst vor einer Familie haben. Vor Bindungen, vor der Verantwortung und vor dem Chaos. Vor Kindern, die sich nicht durchorganisieren oder gegebenenfalls abschalten lassen. Klar, das ist auch berechtigt. Das aufblasbare Kind für gewisse Stunden, in denen es genehm ist, und zum Zusammenfalten, sobald es stört, das wird man nicht hinkriegen.

Das Imposanteste an eigenen Kindern ist auch das Erschreckendste: Wenn sie denn mal da sind, dann bleiben sie es auch. Mit Sack und Pack. Mit Bindung, Verantwortung und Durcheinander. Auch mit Pflichten und Gefahren. Aber die Liste auf der Sonnenseite ist wesentlich länger. Offenbar ist das nur nicht so gut sichtbar, von außen. So wie es von innen fühlbar ist. Man muss Bindungen erleben, um sie prima zu finden. Wie gut es wirklich war, sich für ein Kind zu entscheiden, das weiß man ganz sicher erst, wenn man es hat. Aber dann zuverlässig. Da war die Evolution mal wieder genial. Sie hat unsere Hormonausschüttungen so programmiert, die Nervenstränge entsprechend vernetzt, dass wir uns überschlagen vor Begeisterung darüber, ein kleines ICH, ein kleines WIR zu erleben.

Niemals verliebt man sich so zuverlässig wie in den eigenen Sohn oder die Tochter, dank Oxytocin-, Endorphin- und Prolaktinausschüttungen. Ein ausgewachsener Babyblues, wie ihn Brooke Shields erlebt hatte, kann zwar ein Buch füllen, ist aber die absolute Ausnahme.

Es ist auch verstandesmäßig nachvollziehbar, was da passiert. Die moderne Soziologie definiert Familie als eine Produktionsstätte von Gütern, die es sonst nicht gibt auf dem Markt. Liebe, Geborgenheit, Gemeinsamkeit, Vertrautheit. Konzentrierter und bedingungsloser als zwischen Freunden oder Nachbarn. Sich auf andere Menschen wirklich einlassen, so wie sie sind. Das macht Familie aus, und das ist wahrscheinlich eine der größten Herausforderungen im Leben. Dagegen sind die meisten Aufgaben im Job leicht lösbar und eindimensional, weil sie allein mit dem Kopf oder dem Körper zu stemmen sind. Herzen und Seelen einer ganzen Familie, das ist eine komplexe Sache, deshalb auch eine spannende. Es passiert etwas zwischen diesen Menschen, und das ist echt. Niemals ist eine Familie langweilig. Auch wenn es ein bisschen abgegriffen klingt, oder romantisch-verklärt: Familie ist ein Abenteuer, ja, vielleicht sogar wirklich das letzte große. Weil so ein Kind unberechenbar ist, sich ständig verändert, weil es einen an die eigenen Grenzen bringt und ganz große Gefühle weckt.

Es ist ein Kind in meinem Bauch, diese wahnsinnige Mischung aus fremd und nah. Irgendwie ist es außerirdisch, wie ein Astronaut beim Weltraumspaziergang, schwebend in seinem Fruchtwasserall, angedockt an die Station per Nabelschnur. Es gibt Leben in uns. Aber ist es uns freundlich gesonnen? Und wie sieht es aus, das kleine Wesen? Okay, grün können wir ausschließen. Einäugig wohl auch. Aber grünäugig schon nicht mehr. Man muss sich überraschen lassen, kann sich aber sicher sein, dass es ein nettes Erstaunen wird.

Und wenn der Astronaut gelandet ist, auf der Mutter Erde, dann erfindet er sich ständig neu. Kinder verwandeln sich immer wieder, immer weiter. Eben war unsere Tochter noch ein ängstliches Lockenköpfchen mit schlechter Aussprache: »bin dauchich« sollte »ich bin traurig« heißen und hat Mama zuverlässig zum Schmelzen gebracht. Und jetzt hat das Mädchen mit der langen Mähne plötzlich einen elaborierten Sprachcode und jede Menge Mut, sagt beim Balancieren auf dem Mäuerchen: »Mama, würdest du bitte meine Hand loslassen? Vielen Dank.«

Unsere Seelen sind offenbar so ausgerichtet, dass wir wollen, dass es vorangeht und immer besser wird. Das geht eine Zeitlang auch im Job ganz gut, aber irgendwann lässt das Tempo nach. Und bei Lichte besehen sind die Chancen, dass man es bis zur Bundeskanzlerin oder zum Vorstandsvorsitzenden schafft, doch nicht so gut. Und man fragt sich auch immer häufiger, ob die eigentlich zufrieden sind mit sich und ihrem Leben, wenn sie denn mal da angelangt sind, ganz oben. Oder denkt an den amerikanischen Helden Lee Iacocca, seine Traumkarriere, Jahrzehnte als Konzernchef erst bei Ford, dann bei Chrysler. Der Supersanierer. Und was sagt er selbst dazu: »Ja, ich habe Karriere gemacht. Aber neben meiner Familie erscheint sie mir unbedeutend.«

Das große Glück am Kinderhaben ist: Es geht immer weiter, ganz von allein. Und es wird dabei immer besser. Erst können sie nichts, die Kleinen. Dann können sie irgendwann alles: laufen, sprechen, denken, mitfühlen, cool sein.

Frei sein

Landläufig machen Kinder jedes Selbstbestimmtsein eines Menschen zunichte, der zum Elternteil wird. »Ich will und brauche meine Freiheit.« Das ist die Standardabwehr von Kinderlosen. Familie gilt als Höchststrafe. Kinder gleich Knast. Eingesperrt, arm, sozial isoliert – so ist man, wenn man Kinder hat. Das gilt als gesichertes Faktenwissen.

Wahr ist: Wenn man auf keinen Fall auf irgendetwas im Leben verzichten will, dann wird das nicht funktionieren mit der eigenen Familie. Ein bisschen Nachtschlaf, Geld, Energie, Nerven und Zeit sollte man schon übrig haben. Wahr ist auch: Man kann nicht mehr jederzeit alles tun, was einem einfällt. In einem Leben mit Kindern muss man Prioritäten setzen. Das ganze Programm ist nicht mehr zu schaffen: Job mit allen Extras, Fingernägel perfekt gestylt, jeden Morgen Yoga, acht beste Freundinnen, Kino, Theater und der Haushalt picobello. Oder eben sechzig Stunden arbeiten, Squash spielen, am Wochenende Oldtimer schrauben, Weinseminare besuchen, zwei Romane die Woche lesen und nach New York-Rio-Tokio reisen. Aber einiges geht schon noch. Das, was einem wichtig ist, das schafft man auch. Auch Mütter können gepflegte Hände haben, auch Väter ein schönes altes Auto fahren.

Auf wie viel Freiheit verzichtet man denn wirklich? Wenn man kleine Kinder hat, dann wird man nicht mehr jede Stunde neu entscheiden können, wie man sie verbringt. Man wird nicht mehr an verregneten Samstagmorgen ein Buch zu Ende lesen. Vor allem wird man weniger spontan sein, beim Reisen, Leutetreffen, Ausgehen. Aber das Leben ist nicht zu Ende, wenn man Kinder bekommt, nicht mal das Nachtleben. Man kann sich ja jederzeit abwechseln, und gelegentlich lässt sich auch ein Babysitter finden, und wenn es die Nachbarin ist, der man das Babyfon auf den Couchtisch legt. Ganz kleine Kinder kann man auch wunderbar mitschleppen. Man kann den Superroman abends lesen und die Ming-Dynastie-Vasen für ein paar Jahre auf den Schrank stellen.

Wer Kinder bekommt, wird spießig? Das mag von außen betrachtet danach aussehen. Und wenn hierbei das Kriterium Reihenhaus mit Garten ist, dann stimmt das ja auch oft. Wenn spießig aber heißt, unflexibel sein, beharren, langweilig werden – dann ist das Unsinn. Tatsächlich passiert im Leben von Eltern einfach mehr. Mehr als Kino, Freunde treffen, abhängen, ins Konzert gehen, fernsehen – und das Ganze wieder von vorne bis in alle Ewigkeit. Wer sich die Freiheit nimmt, keine Kinder zu bekommen, der wird sich im Kreis drehen. Irgendwann wird ein »Weiter so« langweilig. Verändern, wachsen, ausprobieren – das sind menschliche Grundbedürfnisse.

Es gibt sehr wenige Dinge im Leben, die man so frei gestalten kann wie die Kindererziehung. Niemand schreibt mir vor, mit welchen Methoden ich was für einen Menschen aus meinem Kind mache. Das entscheiden mein

Mann und ich ganz allein. Kein Chef oder Auftraggeber, der meine Vorschläge ungelesen ablehnt. Kein Kollege, der mir nur zu gern meine Ideen klaut. Keine Konferenz, die vorzugsweise meine Texte in der Luft zerreißt. Meinen Kindern gebe ich das mit, was ich für richtig halte. Ideen, Vorstellungen, auch Schrullen, die vermutlich ein Leben lang bleiben.

Kindererziehung wird nicht wertgeschätzt, beklagen sich Hausfrauen gern. Es guckt eben keiner so genau hin, und es redet auch keiner rein. Kinderaufziehen ist bei uns eine in höchstem Maße private Angelegenheit. Daher ja auch die latente Abneigung gegen jede Form von Gemeinschaftserziehung in der Krippe oder im Kindergarten. Mütter werden nicht gelobt dafür, wie sie ihre Kinder erziehen. Aber sie werden auch nicht kritisiert oder gar gemaßregelt. Eltern können nicht abgemahnt und nicht gekündigt werden (es sei denn vom Jugendamt, aber dann mit sehr gutem Grund). Viel hängt natürlich auch von den Anlagen, dem Temperament, den Talenten eines Kindes ab. Aber wie Eltern damit umgehen, wie sie die Kinder prägen, das entscheiden sie ganz allein. In welchem Job kann man so nachhaltig Zukunft gestalten?

Und natürlich sind Kinder auch ideal dafür geeignet, an ihnen alles wiedergutzumachen, was man selbst als Mädchen oder Junge vermisst hat: den Garten, den Vater, den Freiraum oder den Kuschelfaktor. Insofern können Kinder auch eine prima Seelentherapie sein. Das sollte nicht der einzige Grund sein, Kinder zu bekommen. Doch das Kind als Therapeut lässt sich gar nicht vermeiden. Natürlich spiegeln wir uns in den Kindern, lernen etwas über uns selbst, werden in die eigene Jugend zurückversetzt.

Jedenfalls müssen die Probleme, die man selbst als Kind

hatte, kein Ausschlussgrund sein für eine eigene Familie. Man kann es ja besser machen! Perfekte Eltern gibt es nie. Aber gerade wer sich solche Gedanken macht, wer zweifelt, wer eine Herausforderung darin sieht, Kinder aufzuziehen, der wird daran nicht scheitern. Sondern erleben, wie schön, wie herzwärmend und erhebend es ist, wenn man wahre Freuden bereiten und echten Trost spenden kann. Ich kann Tränen trocknen. Ich kann ein Lachen zaubern. Ich bin Heldin, Göttin und Freundin. Klar ist das pathetisch, aber so ist es.

Sicher sein

Warum in aller Welt kommen die Amerikaner ganz ohne Familienpolitik auf einen Industriestaatenrekord von 2,1 Kindern pro Frau? Es wird etwas mit dem American Way of Life zu tun haben: Alles ist möglich, es wird schon gut gehen. Das geht uns leider völlig ab. Die Deutschen sind vergleichsweise pessimistisch, grantelig und angstgesteuert. In einer Gallup-Studie von 2005 landeten die Deutschen beim Thema Optimismus auf dem siebzigsten Platz, von siebzig Ländern. Wir sind die Letzten in Sachen Optimismus. Jammerweltmeister. German Angst. Auch ein Grund, warum wir auf dem Weg zum Weltmeistertitel im Keine-Kinder-mehr-Kriegen sind. Wir haben kein Vertrauen in die Zukunft, deshalb bauen wir vor.

Sicherheit ist uns verdammt wichtig. Beim Auto, am Haus, im Leben. Erst einmal eine Ausbildung machen, vielleicht noch eine zweite obendrauf, doppelt hält besser. Anschließend ab in den Beruf und Erfahrungen sammeln. Was sparen für später. Zwischendurch noch ein paar Dinge erleben, dann hat man das auch erledigt. Ein Kind ist das Sahnehäubchen obenauf – falls es noch passt. Wenn sonst nichts mehr schiefgehen kann, dann kann man dieses Wagnis möglicherweise doch noch eingehen. Ich bin von Natur aus auch eher ängstlich und muss ständig mit Anlauf über meinen Schatten springen. Aber es wird mit der Zeit leichter. Und mit der Familie. Denn Kinder machen Mut.

Die vielen bangen Fragen: Was wäre, wenn mein Baby monatelang Bauschschmerzen hätte? Gibt es nicht immer irgendwo einen Gartenteich, in den mein Kleinkind stolpern könnte? Würde mein Sohn nicht Drogen nehmen? – Solche Sorgen sind für manche ein gewichtiger Grund, keine Kinder zu bekommen! Das ist nichts anderes als Selbstmord begehen aus Angst vor dem Tod.

Natürlich kann man um Kinder ständig Angst haben. Was ihnen alles passieren kann! Was Eltern alles falsch machen können! Aber hören die Leute etwa auf zu verreisen, nur weil das gefährlicher ist, als zu Hause bleiben? Hören sie auf zu atmen, weil die Luft dreckig ist? Nein. Wir meiden ja noch nicht einmal die Sonne, obwohl wir wissen, dass sie schadet. Einfach, weil es so schön ist. Und ganz sicher sollte man nicht die Liebe scheuen, nur weil man damit vielleicht auch mal Kummer hat.

Was ist denn eigentlich so abschreckend an einem neugeborenen Baby, an drei oder vier Kilo Mensch? Es ist unberechenbar und will versorgt werden. Es macht vielleicht ein paar bunte Pläne kaputt – oder lässt sie schnell anders aussehen. Und natürlich kann man bei der Erziehung scheitern, gibt es immer Kinder, die als »missraten« gelten, und Eltern, die, wenn sie sich scheiden lassen, ein »Trennungskind« zurücklassen. Aber Familie an sich ist ja erst mal kein Risiko, sondern das glatte Gegenteil: eine sichere Mitte fürs Leben. Mit lebenslanger Liebesgarantie und Öffnungszeiten rund um die Uhr, ein Platz zum Hingehören, eine sichere Bank.

Das Leben wird in der Familie auch auf eine bestimmte Art einfacher. Als kinderloser Mensch muss man ständig Entscheidungen treffen: Soll man den nächsten Kurzurlaub in Rom oder Paris verbringen? Am Samstagvormittag auf den Markt, in die Ausstellung oder zum Brunchen ins Café gehen? Eine Fragestellung, die sich an einsamen Freitagabenden noch verschärft. Einfach im Bett bleiben? Unablässig fernsehen? Ein paar Stunden telefonieren? Und sich vor lauter Möglichkeiten ganz leer fühlen.

Zu wissen, alles ist machbar und nichts ist wirklich wichtig – mir hat das nach zehn Erwachsenenjahren ohne Kinder gereicht. Ich hatte das Bedürfnis, mein Leben klarzukriegen, einen deutlichen Schwerpunkt zu setzen. Und das passiert, wenn man Kinder hat.

Spaß kriegen

Auch so ein Glücksfaktor: die einmalige Chance, selbst wieder Fußball zu spielen, in den Zirkus zu gehen, Geschichten zu erfinden. Das macht einfach Spaß. Kinder bringen Leben ins Leben. Kinder sind Erfinder. Man tut mit Kindern Dinge, die man sich ohne niemals trauen würde. Trampolin springen zum Beispiel. Es gibt ja mittlerweile in jeder Stadt mindestens eine »Tobehalle«, ehemalige Tennishallen, die mit Hüpfburgen, Trampolinen, Klettertürmen, Rutschen und allem, was sonst noch Freude macht, vollgestellt sind. Und als Mutter eines Zweijährigen muss und darf man ja durchaus noch hinterher krabbeln und eben hüpfen. Und auch die Tobematratze zu Hause im Spielzimmer erfüllt für uns alle ihren Zweck.

Ich wäre ohne Kinder niemals auf die Idee gekommen, Gemüse zu ziehen, richtig gut und ausgiebig zu kochen, jede Woche zum Schwimmen zu gehen, Urlaub auf dem Biobauernhof zu machen. Jetzt finde ich es klasse. Endlich wieder Schokoküsse ohne Hände essen und so richtig Karneval feiern, mit Karawane rund um den Esstisch, mit improvisierter Verkleidung und klebrige Bonbons fangen!

Kinder machen schlau. Schon in den ersten Monaten lernt man mehr über die Menschen und über das Leben als in jedem Philosophie- oder Persönlichkeitserweiterungs-Seminar. Stolz. Angst. Glück. Das gab es so nicht in meinem kinderlosen Leben. Ich dachte, ich wüsste, was diese Gefühle ausmacht, aber tatsächlich spüre ich erst jetzt ihre wirkliche Bedeutung. Ich entdecke neue Wahrheiten über die menschliche Natur. Ich erinnere mich an Dinge, die ich als Kind gemacht und gedacht habe, die aber längst in mir verschüttet waren. Wie sich das angefühlt hat: Als ich damals mitten im Maisfeld Fangen spielte und von meiner Nachbarin Gummibärchen geschenkt bekam!

Ich erinnere mich daran, wie die Bäume heißen, die in unserer Umgebung stehen, lerne etwas über Spatzen, weiß endlich, wie Spinnen sich vermehren und wie das in Köln mit den Heinzelmännchen war. Die Basics werden wieder wichtig. Das, was das Leben ausmacht. Ich lebe gesünder, gehe raus, bewege mich. Ich versuche Fragen nach dem Woher und Wohin zu beantworten, mache mir Gedanken über Gott und Engel. Bringe die Dinge auf den Punkt. Erkläre Himmel und Erde. Kinder können die Welt zurechtrücken.

Glück haben

Der Spaß an und mit Kindern ist vielleicht noch ganz gut nachzuvollziehen, das Glück vielleicht erklärungsbedürftiger. 92 Prozent aller Mütter von kleinen Kindern haben in einer Umfrage gesagt: »Meine Familie macht mich glücklich.« Das garantierte Glück heißt: Kinder lieben ihre Eltern. Egal wie schön oder hässlich, reich oder arm, schlau oder dumm die sind. Mutter und Vater sind eine Instanz und durch nichts zu ersetzen. Sie sind das Maß aller Dinge – und einfach nur toll. Das schmeichelt sehr, es fühlt sich sogar unendlich gut an. Mit keinem Job der Welt kann man das erleben. Und es ist eine Liebesgeschichte mit Dauer-Happyend, weil Eltern ihre Kinder ja auch lieben. Man fühlt mehr, nimmt genauer wahr und findet im eigenen Kind sich selbst und den geliebten Partner. Mehr ich, mehr wir, mehr von allem. »Ich möchte ein Kind von dir.« Das ist die schönste und nachhaltigste Liebeserklärung, die Mann und Frau sich machen können.

Den Partner zu lieben ist schön, aber irgendwann – ehrlicherweise – doch ein bisschen dünn. Schon deshalb, weil sich in der Regel nicht mehr viel Neues entwickelt. Es sei denn, man macht irgendwelche tollen Sachen zusammen, Kinder zum Beispiel. Dann kommt wieder richtig Leben in die Bude. Morgens mit der ganzen Familie im Bett liegen bleiben und einfach gucken, was passiert, wer sich jetzt welchen Blödsinn ausdenkt. Kleine Füße fühlen, die Mamas Oberschenkel suchen und finden, zarte Körper, die sich anschmiegen. Man will sie spüren, beschützen, erleben, wie sie größer werden. Sich rühren lassen von einem selbstgepflückten Blumenstrauß als Entschuldigung. Oder von einem Zweijährigen, der mit wichtigem Gesicht umständlich erklärt, dass Autos fahren.

»Ja, ja«, sagen die Kinderlosen, »Mutterglück ist, wenn die Kinder abends im Bett sind.« Da ist natürlich was Wahres dran. Glück ist ein Kontrasterlebnis, hat Nietzsche behauptet. Wer den ganzen Tag Trubel hat, der kann mit einem ruhigen Abend richtig was anfangen, klar. Aber Mutterglück ist tagsüber noch besser, mit wachen Kindern. Es hat mich unglaublich glücklich und stolz gemacht, zu sehen, wie meine fünfjährige Tochter Skifahren lernte. Wie sie nicht mehr zwischen Mamas Beinen die Piste runterrutschte und die Fahrt mit der Gondel bergauf sowieso viel spannender fand. Dieses Mädchen mit Helm zu beobachten, das einfach fuhr, voller Vertrauen in sich selbst und die Welt, mal hochkonzentriert und dann wieder völlig fasziniert von einer Hasenspur im Schnee, das hat mich begeistert.

Skifahren war für mich immer wichtig und großartig, als Körpergefühl und Naturerlebnis. Aber dieser letzte Morgen in jenem besagten Skiurlaub, der ist ungeschlagen, auch nach dreißig Jahren, die ich jetzt schon auf den Brettern stehe: Es war morgens um acht, meine Tochter und ich waren allein auf der Piste. Die Sonne war gerade über den Gipfel gekrochen, Neuschneepulver lag auf der präparierten Piste, ein Raubvogel kreiste über dem Schlösschen am Hang gegenüber. Und wir beide zogen zusammen die Spur in der unberührten Auflage, fast lautlos. Auf der roten Piste bis runter ins Tal. Vollkommen entspannt und unheimlich aufgeregt.

Es sind aber auch die kleinen Dinge, die Glück bedeuten. Mit einer Familie am Tisch zu sitzen, beim Essen, ist einfach ein Vergnügen. Ebenso die Kinder und ihre Freunde im Garten rumspringen zu sehen. Das erste Mal Kirmes, wie die Augen fast aus dem Kopf kullern, der Mund vor Staunen aufklappt. Das Japsen und der Freudenschrei, wenn das Seepferdchen beim Schwimmkurs geschafft ist.

Mit Kindern fühlt man mehr. Es gibt stärkere Ausschläge nach oben, auch nach unten. Seit ich Kinder habe, kann ich rohe Gewalt überhaupt nicht mehr ertragen, weder im Kino noch im Fernsehen oder in Büchern. Sobald es irgendwo einem Kind schlecht geht – oder einem Tier oder einer Frau oder einem Mann –, bin ich raus aus der Geschichte. Manchmal verweigere ich aus diesem Grund sogar die *Tagesschau*. Mutter zu sein macht windelweich. Ich kann das Böse einfach nicht haben. Aber ich will es ja auch nicht, bin ganz gern sensibel, von mir aus auch empfindlich. Aber ich heule nicht nur mehr, ich lache auch viel öfter als früher. Man kommt gar nicht drum herum, wenn man mit Kindern zu tun hat.

Ganz groß sind Zweijährige. Wenn so einer stolz wie Oskar in den Schuhen seiner großen Schwester durch die Gegend stapft, jeden Tag neue Zwei-Wort-Anekdoten rausbringt oder in der Turnhalle mit einem Tarzanschrei aufs Trampolin springt, das ist einfach verdammt entzückend. Oder eine Fünfjährige, die einem zum Frühstück lispelnd und schielend, aber sehr wortreich darlegt, warum sie ganz dringend schon ein Jahr vor der Einschulung einen »Tornister« braucht. Das kann einem keiner bezahlen, dieses Maß an Wahnsinn und Kreativität.

Was macht uns wirklich glücklich? Geld sicher nicht, da sind sich die Glücksforscher einig. Nicht nur, dass die Reichen nicht fröhlicher sind als der Rest der Menschheit. Auch wer plötzlich zu Geld kommt, weil er Unsummen im Lotto gewonnen hat, der ist nach ein paar Monaten wieder auf dem Glücksniveau angelangt, das er vorher hatte. Wir sind da alle im »Hamsterrad der Moderne«, so nennen das die Forscher. Wenn ich etwas erreicht habe, ist es nichts mehr wert, das Nächste muss her. Die ganze westliche Welt wird ständig wohlhabender, aber nicht glücklicher. Deshalb leben die glücklichsten Menschen nicht im reichsten Land der Welt, sondern auf der Insel Vanuatu in der Südsee.

Vor allem der ständige Vergleich mit den anderen macht mürbe. Die meisten Menschen würden tatsächlich lieber ganz auf eine Gehaltserhöhung verzichten, als es zu ertragen, dass der Nachbar eine größere erhält. Das ist entsetzlich, aber so ist es.

Das Glück ist kein Zufall, sondern eine Strategie der Evolution. Wir werden mit Glück belohnt, wenn wir Dinge tun, die wir zur Arterhaltung und zur Streuung unserer Erbanlagen unternehmen. Wenn Männer mächtig sind, dann sind sie mehr wert auf dem Paarungsmarkt. Frauen, die besser aussehen, auch. Entsprechende Erfolge vergütet der Neandertaler in uns mit der Ausschüttung von Glückshormonen. Die sind allerdings auch sehr schnell wieder abgebaut. Zumal, wenn da ein anderer Halbaffe auftaucht mit noch mehr Muskeln oder Jagdbeute. Sex macht natürlich auch – zeitlich begrenzt, aber doch – glücklich. Muss ja sein, damit die Sippe nicht ausstirbt. »Level One Happiness« nennen es die Glücksforscher, diese unmittelbare Freude an den Dingen, die aber nicht weit führt.

Was darüber hinausgeht, eine allgemeine Lebenszufriedenheit, das ist dann die nächste Ebene, »Level Two«. Diese ist evolutionär sinnvoll, weil nur der grundsätzlich zufriedene Urmensch neugierig ist, antriebsstark und Lust hat, seine Umwelt zu erforschen. Wäre er jedoch permanent glücklich, würde er träge und sich um nichts mehr bemühen. Deshalb sind wir im Schnitt nicht ganz unglücklich, aber auch nicht zu häufig richtig gut drauf.

Glücklich sind wir übrigens eher dann, wenn wir nicht darüber nachdenken, wenn wir ganz versunken sind in dem, was wir tun. Ständig über das Glück zu grübeln, ist dagegen eine relativ sichere Methode, im Leben wenig Spaß zu haben.

Und dann ist da noch die dritte Glücksebene, die nur erreicht, wer von sich sagt: »Mein Leben ist sinnvoll.« Sie ist sozusagen das Höchste der Gefühle. Und weil der Sinn der (Glücks-)Sache eben die Arterhaltung ist, wird das auch mit jeder Sorte Wohlgefühl belohnt. Auf Ebene eins hat man Spaß mit Kindern, auf Ebene zwei macht Familie das ganze Leben glücklicher und auf der dritten Ebene dann auch noch sinnvoll.

Auch so eine überraschende, wundersame Erfahrung: schwanger sein und Stillen. Die Männer beneiden uns zu Recht darum – wenn sie es denn tun. Ganz plötzlich, relativ spät im Leben, bekommt man bislang unbekannte Körperfunktionen dazu. Neues Leben empfangen, ausbrüten und seine Nahrung herstellen. Das ist so, als könnte man plötzlich virtuos Trompete spielen, oder Billard. Nur elementarer und ohne zu üben.

Und dann hält man ein Neugeborenes auf dem Arm, das eigene Kind, so zerbrechlich und schutzbedürftig. Das ist beinahe unbeschreiblich. *Mind Boggling* sagen die Engländer dazu, es wühlt Seele und Verstand auf, es bedeutet eine Überdosis von allem. Das bin ich, das sind wir, nur in winzig. Bedingungslos werden wir zusammenbleiben. Für immer. Die ersten Wochen, das ist die Zeit der großen Gefühle, der starken Ausschläge. Herrlich anstrengend, ohne

Kraft vollkommen glücklich. Heftige Anfälle von Dankbarkeit und Rührung packen uns, wir sind von blinder Liebe geschüttelt. Das gibt es einfach nicht noch mal auf der Welt. Man kann vor Glück fast schwachsinnig werden, ja. Es ist nicht originell, dreimal am Tag »Gott-ist-der-süß« zu seufzen, aber manchmal muss es eben raus.

Ganz groß sind die »ersten Male«. Man kann sich ja noch ganz grob an die eigenen erinnern: der erste Mann, die erste Wohnung, der erste Job. Mit Kindern gehen die Premieren in Serie: das erste Lächeln, das erste Krabbeln, die ersten Zähne, die ersten Wörter – alles sensationell und wundervoll. Vielleicht, weil es einfach so passiert und man nichts dafür machen muss. Niemals wieder tut sich so viel im Leben eines Menschen wie ganz am Anfang. Wenn aus dem Reflexlächeln ein echtes wird. Ein bewusstes Anstrahlen. Ein Toll-dass-du-da-bist! Und irgendwann entwickelt sich ein glucksendes Ich-schütte-mich-aus-Lachen. Aus Hilflosigkeit wird Selbstbewusstein. Aus einem nur Daliegen ein ewiges Laufenwollen. Aus einem Krähen ein Plaudern in wechselnden Tonlagen. Das erste Robben, das erste Hochziehen, der erste Schritt, lauter große Erstaufführungen.

Mit Babys ist alles neu. Ein Licht, eine aufflackernde Glühbirne kann ein solches Entzücken auslösen, dass man selbst anfängt zu staunen. Über das Kind – und ein bisschen auch über die Glühbirne. Ein Baby, das hingerissen ist von etwas, ist so unwiderstehlich, dass Mütter sich dazu verführen lassen, eine halbe Stunde lang auf dem Boden zu liegen und das Licht an- und auszuknipsen. Und nachher denken sie, sie ticken nicht mehr richtig.

Es ist einfach alles rührend an einem Baby. Von den winzigen Wurmzehen, den Luftkissenfüßen bis zum Geruch der Glatze oder dem Seidenflaum obendrauf und den halbdurchsichtigen, knetweichen Ohrmuscheln. Ständig will man irgendwo küssen, anfassen, schnuppern. Oder einfach nur schauen, wie sie zappeln, gähnen, gucken. Oder sich amüsieren, wenn das Baby Grimassen schneidet und plötzlich Tante Bärbel ähnlich sieht. Das ist kitschig? Nein, Kitsch ist verlogen. Süßlich kann man es finden, wenn man es irgendwie doof finden will.

Natürlich ist nicht alles immer friedlich und freudig. Babys, die nachts ständig aufwachen oder tagsüber grundlos schreien, machen natürlich keinen Spaß. Aber Neugeborene halten ihre Eltern auch nicht pausenlos wach. Das können sie gar nicht schaffen, weil sie im Schnitt siebzehn Stunden am Tag schlafen – bleiben also insgesamt sieben Stunden zum Gefüttert- und Vergöttertwerden und zum Plärren. Mit drei Monaten schläft ein Baby immer noch fünfzehn Stunden. Vor den ganz Kleinen muss man sich schon deshalb nicht wirklich fürchten. Und wenn es anfängt, schwieriger zu werden, dann ist man ihnen längst restlos verfallen.

Babys reden nicht. Das ist lästig, wenn sie satt und sauber sind und trotzdem unglücklich, wenn man die Ursache nicht herausfindet. Aber sie freuen sich auch grundlos. Liegen lachend und strampelnd auf dem Boden und strahlen die weiße Decke an. Ausdrücken können sie eine Menge, auch ohne Worte. Babys können unglaublich stolz sein. Geradezu triumphieren, nach der ersten Rolle linksrum zum Beispiel. Ein Gesichtsausdruck, den sich gut erzogene Erwachsene niemals erlauben würden. Alle Augen auf mich! Ich bin unglaublich gut im Linksrollen! Babys können besorgt gucken, sie können breit lächeln oder dünn. Sogar vielschichtig. Und man kann ihnen glauben.

Sich verstellen ist allenfalls ein Spiel, aber noch längst kein Mittel zum Zweck.

Ich habe meine Babys angeschaut und mir nicht vorstellen können, dass sie mal werden wie die Verkäuferin im Schuhladen oder wie dieser Mann neben uns im Bus, groß eben, normal, wie du und ich. Es ist nicht zu begreifen, wie das gehen soll. Und dann passiert es eben doch. Und jeder nächste Schritt ist wieder erstaunlich.

Es geht immer voran. Und das heißt eben auch: Jeder Mist hat ein Ende. Vollgemachte Windeln wechseln zum Beispiel. Das ist eine Erfahrung, die ich nicht dringend gebraucht hätte, die aber seit gut fünf Jahren zu meinem Leben gehört. Ich trage keine Nasenklammer und auch keine Plastikhandschuhe beim Wickeln. Aber ich mache es zügig und atme möglichst mit dem Mund ein. Der braun-weiße Zellstoffklumpen kommt umgehend in die Tüte und in die wiederum ein Knoten.

Eltern, die mit einem Gespräch über Farbe und Konsistenz von Kinderhaufen einen halben Abend bestreiten, kann ich nicht folgen. Nicht den Geschichten, wie der halbflüssige Muttermilchstuhl mit einem Aroma von spanischem Rotwein oben am Kragen rausgequollen kam oder eine Hinterlassenschaft in der Windel so fest war, dass sie am Stück entfernt werden konnte. Noch ein Häppchen? Olive? Ein Schluck Wein? Das ist nicht meins. Ich ekele mich auch immer noch vor Erbrochenem, auch wenn es aus meinen geliebten Kindern kommt. Da gibt es keine Abhilfe und keinen Trost, da muss man durch. Es gibt nur die Aussicht: Es wird bald aufhören.

Irgendwann sind auch die entsetzlichen Trällerlieder-CDs uninteressant, und wahrscheinlich hören Kinder an einem gewissen Punkt auch damit auf, Butterbrote in den hinterletzten Schubladenecken zu verstauen, um sie zwei Wochen später freudestrahlend wieder rauszuholen, andersfarbig dann.

Sinn finden

Wenn man Kinder hat, sucht man nicht mehr nach dem Sinn des Lebens, man zieht ihn auf. Als Mutter komme ich mir auf viel nettere Art nahe als in jedem Psycho-Kurs. Ich muss erst mal mich selbst finden, bevor ich an Familie denke, sagen die ewigen Singles. Na, dann viel Spaß beim Suchen! Eigene Kinder sind eine Abkürzung auf diesem Weg. Nie habe ich mehr über mich erfahren als jetzt, wenn ich etwa zusehe, wie meine Tochter malt: ein Haus, eine Sonne, ein Männchen – anschließend gleich das nächste Blatt. Ich habe ganz oft den Gedanken: Ja, so bin ich eigentlich auch. Ein bisschen schlampig, nach dem Motto: Hauptsache, man ist schnell beim Malen. Und dann freue ich mich, dass ich in dreißig Jahren gelernt habe, an manchen Dingen rumzupuzzeln, bis sie richtig gut geworden sind. Dass ich eben nicht mehr schlampig bin.

Ich kenne einige Leute, die sich und ihre Mitte suchen, Singles ohne Kinder meistens. Mir ist keiner bekannt, der sie tatsächlich gefunden hat und mit sich glücklich geworden ist. Ich halte das für einen Versuch am untauglichen Objekt. Unsere Seele ist nicht so gestrickt, dass wir uns selbst genug sind. Emotionale Selbstbefriedigung funktioniert nicht. Da kommt nichts. Was will ich? Wie fühle ich mich? Je öfter und qualifizierter wir uns das fragen, desto weniger können wir es beantworten. Natürlich gehört es zum Erwachsenwerden, mal in sich rein zu lauschen: Was bin ich eigentlich für eine Sorte Mensch? Wo will ich hin? Aber irgendwann muss auch Schluss sein mit diesen Fragen. Eine vernünftige Antwort gibt es sowieso nicht.

Ich glaube, dass es wesentlich gesünder ist, sich von sich selbst abzulenken. Nicht, weil in meiner Seele tausend schwarze Abgründe lauern, an denen ich mühsam entlanglavieren muss. Sondern einfach, weil ich mich schon ganz gut kenne. Weil mein Mann und meine Kinder mich überraschen, weil das Leben mit einer Familie immer wieder neu ist. Und weil ich zu diesen Menschen gehöre.

Kinder bleiben, wenn wir gehen. Kinder geben dem Leben Sinn, weil sie es verlängern, nach vorne und hinten. Weil sich Opas Nase und Omas Gang bei den Kindern wiederfinden. Das kann ungeheuer tröstlich sein. Für mich ist es das, weil meine Mutter vor zwei Jahren gestorben ist. Für sie selbst waren die drei Kinder, die vier Enkel, die sie hatte, ein echter Lichtblick. Dadurch zu sehen, dass es weitergeht. Es ist überhaupt nicht schmerzlich, wenn ich an meiner Tochter Züge meiner Mutter erkenne, ich freue mich von Herzen darüber, dass etwas von ihr bleibt. Mit Kindern fängt das Leben wieder von vorne an. Und auf einmal ist Älterwerden etwas Schönes, etwas, worauf man sich freut. Und selbst wenn in meinem Leben ab sofort viel schiefgeht, es hat sich jetzt schon gelohnt.

Kinder bringen ihre Eltern voran, in die Zukunft. Was auch immer in dieser Gesellschaft passieren wird, man bekommt es mit, und man trägt etwas dazu bei. Ich habe keine Möglichkeit mit der Art, wie ich meine Kinder erziehe, die Welt zu retten oder zu verändern. Ich kann meine Tochter und meinen Sohn nicht zu allmächtigen und weisen Superhelden machen. Aber ich gebe meinen Kindern etwas mit. Ich werde ihnen sicher auch einiges aufhalsen, was sie so gar nicht gebrauchen können. Und ich weiß natürlich nicht, ob aus unseren Kindern gute und glückliche Menschen werden. Aber unser Leben ist jedenfalls nicht folgenlos.

Mit zwanzig denkt man: Wenn jemand »Mama« zu dir sagt, dann bist du alt. Jetzt weiß ich: Wenn keiner »Mama« zu dir sagt, dann ist man alt.

Keine Kinder zu haben bedeutet auch, dass niemand die eigenen ungelebten Träume weiterlebt. Frauen und Männer ohne Kinder müssen ihre Pläne und Wünsche allein zu Ende bringen oder sich davon verabschieden. Es gibt niemanden, an den man seine Hoffnungen weitergeben kann, der die Chance hat, etwas zu schaffen, das man selbst nicht versucht oder nicht erreicht hat. Kinderlose sind mehr auf sich selbst zurückgeworfen und wissen: Irgendwann ist es einfach vorbei.

Nichts ersetzt Familie, wenn es einem schlechtgeht. Selbst wenn in anderer Leute Adern auch dickes Blut fließt und nicht bloß Wasser: Nichts und niemand hält so bedingungslos zusammen wie eine Familie. Familien sind stark und zäh, erfolgreiche Einheiten. Ein Freund, ein guter Freund, das ist prima. Aber wer pflegt schon einen altersschwachen Kumpel, wenn er selbst noch fit ist? Je älter der Mensch, desto familienorientierter wird er, desto wichtiger werden die Enkelfotos in der Brieftasche. Wenn man Großeltern nach entscheidenden Dingen in ihrem Leben befragt, dann stehen Kinder und Enkel unangefochten ganz oben. Bei Frauen ohnehin, aber auch bei Männern, die im Beruf erfolgreich waren und gerne darüber reden.

Kinder sind das, was bleibt. Und wer keine bekommt, hat gute Chancen, irgendwann zur Spezies »einsame Alte« oder »einsamer Alter« zu gehören. Niemand wünscht sich auf dem Sterbebett, im Leben mehr gearbeitet zu haben. Die meisten hätten lieber mehr geliebt.

Nicht verpassen!

Es gibt Ersatzbefriedigungen, sicher. Man kann durch die Sahara trecken, um zu erleben, was Hitze ist, oder in der Tiefsee tauchen, um echte Stille zu erfahren. Man kann den Kilimandscharo besteigen. Da weinen die Leute und übergeben sich, wenn sie oben sind, vor Erleichterung und wegen der Überforderung. Sie geben für das Ganze richtig viel Geld aus und riskieren auch noch ihre Gesundheit. Da ist Kinderkriegen vergleichsweise einfach und sicher auf Dauer befriedigender.

Man kann auch Tiere halten, haufenweise Hobbys haben oder eben zum Workaholic werden – jedenfalls im fortpflanzungsfähigen Alter. Aber im Zweifel wirkt das Original besser als die Fälschung, machen eigene Kinder mehr Spaß und mehr Sinn als alle Ersatzbefriedigungen. Im Übrigen kenne ich auch Eltern von kleinen Kindern, die drei Wochen durch Russland reisen oder für zwei Wochen zu abgelegenen Tauchgebieten – ohne Kinder. Natürlich ist es leichter, sein Leben und die Arbeit zu organisieren, wenn man keine Kinder hat. Aber es ist auch ärmer. Ein trauriges Leben auf hohem Niveau. Das, was man mit Kindern erlebt, kann man sich letztlich nicht anderweitig beschaffen. Weder aus Büchern noch im Kino noch mit Bewusstseinserweiterung oder irgendwelchen Grenzerfahrungen. Mit Kindern und durch sie kann man sich am allerbesten selbst verwirklichen, kann man erfolgreich sein und Abenteuer erleben. Und wer das verpasst, verpasst das Beste.

Karrieremann allein zu Hause:
Jan Rademacher

Jan Rademacher ist ein Exot, ein Paradiesvogel, ein seltenes Exemplar. Er wirkt aber nicht so, denn er kommt daher wie ein Vorzeigebanker: ein kerniger Typ mit festem Blick und Handschlag, in Businesshemd und Stoffhose. Dabei ist er ein Karrieremann in Elternzeit. Das, was man früher Erziehungsurlaub nannte und was heute noch vorwiegend von Müttern in Anspruch genommen wird.

Jan Rademacher ist nicht jeden Tag zu Hause. Bis zu dreißig Stunden in der Woche darf man während der Elternzeit arbeiten, und das macht er auch, von Dienstag bis Freitag. Der siebenunddreißigjährige Diplomkaufmann hat einen Job in der Personalabteilung der Ford Bank, Autokredite werden hier angeboten und abgewickelt. »Ich bin der zweite Mann in der Geschichte der Firma, der in Elternzeit gegangen ist«, erzählt er. »Vor zehn Jahren gab es schon mal einen.« Der zweite von neunhundert Mitarbeitern, in Jahren und Jahrzehnten. Und trotzdem wurde sein Antrag ohne Probleme genehmigt.

Als seine Frau schwanger war, ging Jan Rademacher zu seiner Chefin. In dem Gespräch war das Thema nicht etwa, *ob* er in Elternzeit geht, sondern nur, *wie* man das organisiert. Zwei Tage in der Woche wegzubleiben, das wäre schwierig gewesen, also einigte man sich auf einen, den Lisa-Tag, immer montags.

Lisa ist zweieinhalb, begeisterte Bobbycarfahrerin, Puzzle-Zusammensetzerin und Eisenbahnbauerin.

Überall im Wohnzimmer liegt ihr Spielzeug herum. Und montags sitzt Jan mit in dem bunten Haufen. »Am Anfang war das richtig stressig, härter als ein Tag in der Bank. Was macht so ein Kind mit einem halben Jahr? Es lächelt einen an und macht in die Hose«, sagt Jan. »Ich hatte das Gefühl, im Büro arbeite ich selbständig, eigenverantwortlich. Und zu Hause bin ich ferngesteuert, durch Lisa, die eine unsichtbare Fernbedienung in der Hand hat, mit der sie Papa tanzen lassen kann.«

Aber es wurde besser, von Montag zu Montag. Inzwischen haben die beiden viel Spaß zusammen. »Früher belächelte ich Hausfrauenmütter ein bisschen. Nach dem Motto: ›Kinder erziehen, das kann doch nicht alles im Leben sein.‹ Das muss ich jetzt relativieren. Ein Tralala-Leben ist das nicht.«

Seine Frau Steffi ist in einem kleinen Unternehmen für die Finanzen und die Buchhaltung verantwortlich, die Firma handelt mit Textilien. Und auch sie ist in Elternzeit, ebenfalls mit einer Arbeitszeit von dreißig Stunden in der Woche. Erst war sie ein halbes Jahr ganz zu Hause, dann fing sie aber wieder in ihrem Job an. Und der Chef war heilfroh, als sie wieder an Bord kam. Zwei Tage in der Woche ist Steffi Rademacher im Büro, montags, wenn Jan bei Lisa ist, und freitags, wenn die Oma kommt. Den Rest ihrer dreißig Stunden macht sie unter der Woche, wenn die anderen Großeltern mit Lisa spielen, oder abends. Manchmal, wenn das Quartalsende naht und der Steuerberater drängelt, sitzt sie auch bis zwei Uhr morgens am Computer.

Steffi Rademacher ist ehrgeizig, genau wie ihr Mann. »Für uns war klar«, sagt Jan, »wir beide haben gute

Positionen, die wollen wir nicht aufgeben.« Also teilen sich Mutter und Vater den Kinderjob. Und für die »Versorgungslücken« müssen sie noch nicht mal eine Tagesmutter bezahlen. »Wir haben hier den totalen Betreuungsluxus: zwei Großelternpaare, die nicht weit weg wohnen und sich ausgesprochen gern um Lisa kümmern.«

Jan und Steffi sind mit Vorliebe unterwegs. Eine Woche Fahrradfahren in Italien, das machen sie ohne Kind. Im Skiurlaub ist Lisa immer dabei. Rademachers sind richtige Ski-Freaks. Regelmäßig ziehen sie mit anderen jungen Eltern los, vier Pärchen mit sechs kleinen Kindern. Abends trinkt man noch ein Gläschen zusammen in der »Stube«, das Babyfon liegt auf dem Tisch. Tagsüber wechseln sich die Eltern mit dem Kinderprogramm ab, damit die anderen auf die Piste gehen können.

Und was sagen die Freunde, die Verwandten zu einem Mann in Elternzeit? »Einen dummen Spruch habe ich tatsächlich noch nie gehört. Manche sind vielleicht sogar eher neidisch.« Auch in der Firma gab es deswegen bislang keine Schwierigkeiten. »Mit dem Rademacher kann man nicht reden, der ist ja nie da.« – Dieser Satz ist ihm noch nicht zu Ohren gekommen. Und er glaubt auch nicht, dass seine Karriere darunter leiden wird. Er arbeitet ja in der Personalabteilung, ist also so etwas wie ein Vorbild für die Buchhalterinnen, die schwanger werden, und die Sachbearbeiter, die in Elternzeit gehen wollen – wenn sie es denn wollen.

Jan Rademacher ist froh, dass er es selbst ausprobiert und sich als »richtigen« Vater erlebt hat. »Das sind Erfahrungen, die man im Leben machen sollte. Es ist superinteressant, mit einem Kind wirklich zu leben, tatsächlich zuständig zu sein für dieses Energiebündel. Das bringt eine ganz andere Perspektive für das eigene Leben, eröffnet eine neue Welt. Und es macht gelassener.«

4 Mein Job geht vor

In Deutschland stehen Frauen irgendwann vor der Entscheidung: Entweder die superschicke Altbauwohnung im angesagten Viertel und ein Leben auf hohem Niveau. Oder das spießige Reihenhaus mit vielen Entbehrungen. Entweder man will weiterhin arbeiten und mitten im Leben stehen oder Kinder kriegen und frustriert am Küchentisch sitzen. Finanziell unabhängig sein oder mit dem zugeteilten Haushaltsgeld auskommen.

Genau so wie in der »guten alten Zeit«. Unsere Mütter waren Hausfrauen, die ganze Gesellschaft hat sich darauf aus- und eingerichtet. Etwa vier oder fünf Jahre blieben die Kinder ganz zu Hause bei Mama am Rockzipfel. Dann gingen sie von neun Uhr morgens bis zwölf Uhr mittags zum Spielen in den Kindergarten. Die Hausfrau konnte endlich in Ruhe die Wohnung feucht durchwischen und den Blumenkohl fürs Mittagessen einkaufen. Mit Schulkindern ging das Leben der Hausfrauen nicht viel anders weiter: Jeden Tag Haushalt erledigen, Essen vorsetzen, Hausaufgaben beaufsichtigen, Abendbrot machen und ab ins Bett mit ihnen.

Und erstaunlich oft läuft das heute immer noch so ab. Dabei ist die öffentliche Kinderbetreuung heute wesentlich besser als alles, was eine durchschnittliche Mutter zu Hause für ihre Kinder tun kann. Dabei haben gerade Frauen inzwischen richtig gute Jobs, für die man sich nicht jeden Morgen um sieben in den Stau stellen muss, um dann zwölf Stunden später völlig geplättet zu Hause aufs Sofa zu sinken, so wie unsere Väter früher. Wir sind eben nicht unsere Eltern. Wir können mehr, wir wollen mehr, und es wird uns mehr geboten. Frauen können heute alles werden. Bundeskanzlerin, Ärztin, Verfassungsgerichtspräsidentin, Vorstandsvorsitzende, Schauspielerin. Und zusätzlich Mutter. Zusätzlich, nicht alternativ.

»Beruf und Familie müssen vereinbar sein!«, propagieren sie überall, die Wohlmeinenden. Da werden kinderfreundliche Chefs und Krippenplätze noch und noch gefordert, damit Mütter endlich arbeiten gehen können. Die Forderungen sind richtig. Nur die deutschen Weisheiten dahinter sind falsch: »Bisher ist das ein Ding der Unmöglichkeit, Beruf und Familie gehen einfach nicht zusammen, Frauen müssen einen Spagat absolvieren …«

Im Einzelfall mag es schwierig sein, mit kleinen Kindern weiter voll zu arbeiten. Für Alleinerziehende, auch für Workaholics. Klar, wenn Mutter und Vater eine Sechzig- bis-siebzig-Stunden-Woche haben, dann ist das keine gute Voraussetzung für eine Familie. Aber wer will das schon auf Dauer? Wer im Job so hervorragend, so gefragt, so unentbehrlich ist, der wird auch selbstbewusst genug sein, dem Chef beizubringen, dass jetzt mal vierzig Stunden die Woche reichen müssen. Eine »normale« Berufstätigkeit beißt sich jedenfalls nicht mit Mutterschaft. Ich sage nicht, dass dies immer leicht ist. Aber es geht. Man muss ein bisschen mutig sein und kreativ, aber keine Superfrau mit acht Armen und übermenschlichen Nervenkräften.

Gelegentlich werde ich richtig sauer, wenn ich solchen Unsinn lese: »Eine Frau, die neben der beruflichen Karriere ein Kind haben möchte, braucht einen Hausmann als

Partner – oder viel Geld, um sich eine Tagesmutter leisten zu können.« Das schreibt Susie Reinhardt, eine kinderlose Journalistin in dem Buch *FrauenLeben ohne Kinder*, das Frauen überzeugen soll, keine Kinder zu bekommen. Sie hat entweder keine Ahnung oder betreibt Meinungsmache wider besseres Wissen. Leider ist sie nicht die einzige Blinde, die von der schrecklichen Farbe redet, also die einzige Kinderlose, die uns erklären will, wie es sich als Mutter lebt.

Sicher: Kinderbetreuung kostet Geld, aber das scheint ja nicht das größte Problem bei der Entscheidung für Kinder zu sein. Je mehr eine Frau verdient, je besser der Job, je höher ihre Qualifikation, desto größer ist die Wahrscheinlichkeit, dass sie keine Kinder hat. Unter den Frauen mit Hauptschulabschluss sind 20 Prozent kinderlos, bei den Akademikerinnen über 30 Prozent, 60 bei den Managerinnen und unter den wenigen Professorinnen in Deutschland haben 80 Prozent keine Kinder.

Finden diese Frauen keinen Mann? Das ist nicht unwahrscheinlich, denn Männer heiraten ja gern von oben nach unten – gesellschaftlich und einkommensmäßig, übrigens auch, was die Körpergröße angeht. Und über der Professorin oder einer Managerin sind nur wenige Männer angesiedelt. Und wenn sie aber doch einen Ehemann haben, diese schlauen Frauen? Sind Chefinnen in Stöckelschuhen derart knallharte Charaktere, dass sie für die Liebe eines Kindes null empfänglich sind? Alles kalte Fische im Karrierehaifischbecken? Eher unwahrscheinlich.

Karrieremänner haben ja sehr wohl Kinder, sogar mit Freuden und richtig viele. Anscheinend kommen Frauen mit tollen Jobs selten auf die Idee, dass es funktionieren und sogar schön sein könnte, mit Kind und Beruf. Zumindest nicht rechtzeitig.

Deutsche Verhältnisse

In den USA gibt es zwölf Wochen *unbezahlten* Mutterschaftsurlaub, ein paar Steuerrabatte und sonst gar nichts an Unterstützung für Familien. In diesem kalten Kapitalismus kriegen die Frauen im Durchschnitt 2,1 Kinder, in mehr als 80 Prozent der Familien arbeiten Vater und Mutter. Und wie ist es bei uns? Jede angestellte Frau bekommt rund um eine Geburt vierzehn Wochen lang das volle Gehalt weitergezahlt. Also dreieinhalb Monatseinkommen, das ist der Mutterschutz. Wer mag, kann für jedes Kind drei Jahre aussetzen und hat seinen Job trotzdem sicher. Während dieser Elternzeit darf man wiederum bis zu dreißig Stunden in der Woche arbeiten – wenn man denn möchte. Ich kann als Angestellte zu meinem Chef gehen und sagen: »Ich bleibe jetzt erst mal zu Hause beim Kind, gucke, wie es läuft, und komme entweder in ein paar Wochen oder in drei Jahren wieder.« Das ist doch Luxus! Für das erste Jahr daheim gibt es gut zwei Drittel des letzten Nettoeinkommens als Elterngeld. Und wer auch nach der Elternzeit keine volle Stelle will, sondern nur Teilzeit arbeiten möchte, hat auch darauf einen gesetzlichen Anspruch.

Auch abgesehen von den gesetzlichen Regelungen haben wir relativ viele Freiheiten. Nehmen wir mal den durchschnittlichen Nine-to-five-Job außer Haus. Wenn Mutter und Vater zur selben Zeit im Büro sitzen müssen, dann bleibt natürlich relativ wenig Zeit übrig, um Kinder zu erziehen. Aber es gibt ja auch Gleitzeit, dann können die Eltern sich zeitweise abwechseln, müssen ihr Kind also nicht acht oder neun Stunden von anderen betreuen lassen, sondern vielleicht nur noch fünf oder sechs. Oder die

Eltern arbeiten teilweise von zu Hause aus. Es gibt auch Selbständige, und die können sich ihre Arbeitszeit ohnehin relativ frei einteilen. Und sogar, wenn beide Eltern zu normalen Bürozeiten voll berufstätig sind, lässt sich das organisieren.

Selbst schuld, wer im familienfeindlichen Deutschland noch Kinder kriegt? Es ist wohl eher jeder selbst schuld, der kinderlos bleibt! Unsere Regeln und Möglichkeiten sind nicht familienfeindlich, allenfalls jobfeindlich oder von mir aus frauenfeindlich. Denn wenn eine Frau mit angemessenem Abstand zwei Kinder kriegt und tatsächlich zu Hause bleibt, dann ist sie locker fünf bis sechs Jahre raus aus dem Arbeitsleben und hat es dadurch schwer, den Anschluss zu finden. Aber sie muss ja nicht so lange fernbleiben! Wir leben im Land der beinahe unbegrenzten Möglichkeiten, was die Gestaltung von Familien- und Berufsleben angeht. Was es nicht gibt, auch nicht im fürsorglichsten Staat, das ist der große Entwurf für alle, auf dem der Lauf der Dinge klar vorgezeichnet ist. Und man kann als berufstätige Schwangere natürlich auch nicht darauf warten, dass einem die perfekte Vereinbarkeitslösung präsentiert wird. Nach dem Motto: »Wie hätten Sie es denn gerne? Betriebskindergarten oder Kinderfrau im Haus? Telearbeit? Ein 60-Prozent-Job? Oder darf es auch ein bisschen mehr sein?« Diese Fragen werden leider die wenigsten Chefs stellen. Man kann das suboptimal finden, man kann aber auch das Beste daraus machen und selbst nachfragen.

Ich hatte als Freiberuflerin nicht die Wahl, in Elternzeit zu gehen. Als meine Tochter geboren wurde, steckte ich gerade in einem Zwei-Jahres-Filmprojekt für das ZDF. Das war durchaus heikel, denn bei dieser dokumentarischen

Fernsehserie ging es um Paare, die dringend ein Kind bekommen wollten, bei denen es bislang aber nicht geklappt hatte. Mit der Kamera begleiteten wir sie in die Kinderwunschklinik nach Heidelberg, besuchten sie aber auch in ihren jeweiligen Wohnorten im Odenwald, im Vorallgäu und im Rhein-Main-Gebiet. Zu dieser Zeit wohnte ich mit meinem Mann in einer kleinen Wohnung in Köln, wo wir beide für den WDR arbeiteten, und in einem Apartment in Mainz, also bei meinem zweiten Auftraggeber, dem ZDF. Und dann wurde ich schwanger, war überglücklich – und auch ein kleines bisschen verzweifelt. Wie sollte ich das »meinen« Kinderwunschpaaren beibringen? Und wie sollte das ganze Projekt weitergehen?

Es gab für alles ein Happyend. Bis mein Bauch sichtbar war und die Beichte fällig, waren von den sechs Filmpaaren immerhin zwei schwanger. An dem Tag, an dem meine Regel ausblieb, drehten wir bei einem von ihnen. Das Ehepaar sollte erfahren, wie der Schwangerschaftstest nach der künstlichen Befruchtung ausgegangen ist. Positiv! Meine Tochter hat also einen kosmischen Zwilling, einen superpfiffigen und extrem hübschen kleinen Kerl. Vielleicht wird ja noch was draus ... Auch die anderen Paare haben sich ehrlich mit uns gefreut. Wir hatten zwar keine Nachhilfe vom Frauenarzt, ich bin ohne Hormone oder künstliche Befruchtung schwanger geworden, aber immerhin warteten wir auch insgesamt drei Jahre.

Als das Kind dann auf der Welt war, konnte ich nicht mehr auf Abruf alle paar Tage nach Heidelberg und Umgebung fahren und »nebenbei« noch meinen anderen Job machen, jede dritte Woche die Moderationen im WDR-Fernsehen. Das Filmen hat dann mein Mann übernommen, er ist praktischerweise in der gleichen Branche, arbeitet auch als Journalist beim Fernsehen. Ich konnte weiter die Absprachen treffen und mit den Filmpaaren telefonieren oder mailen, mit meinem Baby an der Brust oder auf dem Arm. Und als es dann darum ging, die Filme zu schneiden, nahm ich das Kind einfach mit nach Mainz. Da die Cutterin selber Mutter war, hatte sie nichts dagegen, dass ich ein Mobile an die Lampe knotete und das Baby auf den Schneidetisch legte. Mein Chef fand das auch in Ordnung. Mittags sind wir dann meistens zusammen in die Kantine gegangen, meine Tochter im Tragesitz auf dem Bauch, die Cutterin und mein Chef am Tisch mit dabei. So ging das wochenlang. Ich behaupte nicht, dass das die entspannteste Zeit in meinem Leben war, aber sicher eine besonders intensive.

Und das ist immerhin so gut gegangen, dass ich danach noch eine Doku-Serie für das ZDF gemacht habe. Diesmal in einer Kinderklinik, wieder in Heidelberg. Für die Dreharbeiten habe ich die Omas oder unsere Kinderfrau eingespannt, und als es dann ans Schneiden ging, war meine »Kleine« inzwischen zu groß und zu beweglich, um sie mitzunehmen. Was übrigens viele Kollegen im Sender, die sich an dem Baby immer sehr erfreut hatten, ausgesprochen schade fanden. Die Lösung war dann, dass die Großeltern abwechselnd eine Woche Urlaub in Mainz machten, tagsüber mit Enkelfreuden. Ansonsten war ich viel auf der Autobahn. Und wenn es gar nicht anders ging, dann kam meine Tochter eben mit und wir fuhren mit dem Zug. In der Kinderklinik, in der wir drehten, gab es eine Betreuung für Geschwisterkinder. In dieser Einrichtung konnte mein Mädchen für zwei Stunden bleiben. Für jeden Tag wäre das Programm ein bisschen aufwendig gewesen, aber für den Notfall hat es funktioniert.

Aus Chefs werden Kinderfreunde

Es gibt auch das: familienfreundliche Unternehmen. Es werden sogar immer mehr. Das liegt nicht daran, dass plötzlich viele Firmenchefs ihre brennende Liebe zu fremden Kindern entdecken. Eher an der Tatsache, dass sie die Mütter brauchen. Und die sind »käuflich«, mit flexiblen Arbeitszeiten oder einem Platz fürs Kind im Betriebskindergarten. Das Nachwuchsproblem der Deutschen wird bald auch eins für die Betriebe, wenn die Fachkräfte endgültig knapp werden, spätestens 2015, laut Meinung von Arbeitsmarktexperten. Erste Engpässe gibt es schon – trotz Millionen Arbeitslosen. Es fehlen eben »die Richtigen«. Und das sind oft gut ausgebildete, sozial kompetente, relativ junge, also auch fortpflanzungsfähige Frauen.

In zehn Jahren, so hat man errechnet, gibt es ein Drittel weniger qualifizierte Arbeitskräfte. Also müssen die Frauen ran. Hausfrauen mit Doktortitel oder Ingenieurinnen in endlosen Erziehungspausen kann sich die deutsche Wirtschaft schlicht nicht mehr leisten. Genauso wenig wie arbeitende Mütter, die wegbleiben, weil die Kinder krank sind oder die Betreuung ausfällt. Oder Mütter, die weit unter ihren Möglichkeiten arbeiten, weil sie nur halbe Tage an ihrem Arbeitsplatz sind.

Ein Platz im Betriebskindergarten kann ein attraktiveres Angebot sein als eine Gehaltserhöhung. Und solche Investitionen in Familienfreundlichkeit rechnen sich mit einer Rendite von 25 Prozent. Das hat eine Prognos-Studie schon vor Jahren ermittelt. Weil dadurch der Krankenstand sinkt, weil das Unternehmen qualifizierte Mitarbeiter bekommt, motiviert und behält. Arbeitgeber haben ein

Eigeninteresse daran, familienfreundlich zu werden. Deshalb und nur deshalb tun sie es.

Wie familienfreundlich sind sie denn nun im Einzelnen, unsere Arbeitgeber? Das Institut der deutschen Wirtschaft hat in einer Befragung herausgefunden: In den meisten Betrieben – auch in den kleineren – wird zeitlich flexibel gearbeitet. Und fast die Hälfte der Firmen unterstützt in irgendeiner Form die Mitarbeiter bei der Kinderbetreuung. Das Institut für Arbeitsmarkt und Berufsforschung hat wiederum ermittelt: Die Hälfte aller großen Betriebe unternimmt gezielt etwas für Frauen und für die Vereinbarkeit von Familie und Beruf. Es sind vor allem Unternehmen aus der Medienbranche und dem Bereich Banken und Versicherungen, also Firmen, die viele hochqualifizierte Frauen beschäftigen. Klar, auf dem Bau ist der Bedarf an weiblichen Fachkräften nicht so groß.

Es tut sich also was. Der Trend geht eindeutig zu mehr Flexibilität. Es gibt inzwischen Unternehmen, die davon leben, andere Firmen familienfreundlicher zu gestalten. Marktführer ist die Firma pme Familienservice mit Filialen in ganz Deutschland. Kunden sind rund zweihundert Unternehmen, von der Allianz über Bayer, Lufthansa, Dr. Oetker, IBM, IKEA bis zu Philip Morris und Vodafone. 2,5 Millionen Menschen – die Mitarbeiter dieser Firmen und deren Angehörige – können den Familienservice nutzen. So werden sie über jede Form von öffentlicher oder privater Kinderbetreuung in ihrer Umgebung beraten. Ihnen wird nach Bedarf eine qualifizierte Tagesmutter oder Kinderfrau, ein Au-pair oder Babysitter vermittelt. Der Service selbst hat einen Pool von Tagesmüttern, eigene Krippen, Notkindergärten und Ferienprogramme im Angebot, vermittelt auch Haushaltshilfen für den Fall, dass die Mutter krank wird, und er hat für alle Familienfragen eine Vierundzwanzig-Stunden-Hotline eingerichtet. Die Kunden, also die Arbeitgeber, bezahlen den Familienservice. Sie wollen erreichen, dass ihre Mitarbeiter Job und Kinder unter einen Hut bekommen, nicht plötzlich fehlen oder ständig gestresst sind. Es kommt ihnen darauf an, hochqualifizierte Frauen, die sich für ein Kind entscheiden, nicht zu verlieren. Denn es gibt eben durchaus einen Wettbewerb der Unternehmen um qualifizierte Mitarbeiter.

Mehr als dreihundert deutsche Unternehmen mit weit mehr als einer halben Million Beschäftigten dürfen sich sozusagen offiziell als familienfreundlich bezeichnen. Sie machen beim sogenannten Audit »Beruf und Familie« mit, setzen sich Ziele in Sachen Familienfreundlichkeit und lassen dann überprüfen, ob die auch erreicht werden. Darunter sind nicht nur Behörden, sondern auch Spielzeughersteller und das Friseurstudio Elite. Ebenso dabei ist BASF (35 000 Mitarbeiter), die Dresdner Bank (31 600), Ford (23 688), die Victoria Versicherung, Siemens, Henkel, E.On, TNT Express, bundesweit vierzehn Krankenhäuser mit zusammen 20 000 Mitarbeitern. Alle diese Firmen bieten Müttern nicht nur irgendwelche Teilzeitjobs an, sondern unterhalten zum Beispiel auch eine eigene Notfall-Kita, sollte die Oma oder die Tagesmutter kurzfristig ausfallen.

Sogar in den Ellenbogenbranchen bleibt nicht alles beim Alten. Die Beratungsfirma McKinsey, bekannt als Männerdomäne, hat neuerdings eine Kinderkrippe an ihrem deutschen Stammsitz, der Frauenanteil im Unternehmen soll sich verdoppeln. Bei Roland Berger wird ausdrücklich darauf hingewiesen, dass Karriere auch für diejenigen Mitarbeiter möglich ist, die in Teilzeit arbeiten – und wer auf den Dienstwagen verzichtet, bekommt einen Babysitterzuschuss. Meetings am Freitagabend um acht sind seit einiger Zeit gestrichen. Die Commerzbank wiederum hat jetzt in ihrem Frankfurter Büroturm einen sogenannten Kindertower untergebracht. Auf 2000 Quadratmetern gibt es eine Großküche, einen Turnraum und ein Malatelier, Erzieher kümmern sich um die Kinder der Banker, von 7 bis 19 Uhr. Und wenn mal jemand beim Abholen zu spät kommt, dann beschwert sich keiner. Allein die »gesparten« Ausfallzeiten bringen einen anständigen »Return on Investment«, sagt die Bank, die Kinderbetreuung bringt also mehr ein, als sie kostet.

Deutschland steht, betrachtet man all dieses, so schlecht nicht da, was die Vereinbarkeit von Kinderkriegen und Weiterarbeiten betrifft. Die OECD (Organisation für wirtschaftliche Zusammenarbeit und Entwicklung) hat unser Land diesbezüglich im Jahr 2004 im vorderen Drittel in Europa gesehen, genauer gesagt auf Platz fünf von insgesamt achtzehn, noch vor Frankreich. Natürlich sind die Teilzeitchefin und der Facharbeiter in Erziehungszeit noch Ausnahmen. Aber auch das gibt es.

Eltern werden fitter

Sind Kinder Karrierekiller? Wenn die Frauen ganz oder teilweise zu Hause bleiben, dann ist das so, dann verzichten die Frauen mehr oder weniger freiwillig auf einen Aufstieg im Job. Eine neue Studie behauptet aber, dass auch das Gegenteil möglich ist: In technischen und naturwissenschaftlichen Berufen sind Kinder anscheinend beim beruflichen Weiterkommen förderlich! Gut ein Viertel der kinderlosen Akademikerinnen aus diesen Bereichen kann eine erfolgreiche bis sehr erfolgreiche Karriere vorweisen, bei den Müttern ist es sogar weit mehr als ein Drittel (38 Prozent). Väter in diesen Berufssparten liegen gegenüber kinderlosen Männern noch viel weiter vorn. Ob es in anderen Branchen ähnlich aussieht, ist bisher nicht untersucht. Warum ist das hier so? Warum kommen die Eltern besser voran? Vielleicht, weil es eher die Tatkräftigen sind, die Kinder kriegen. Vielleicht funktioniert es aber auch umgekehrt.

Zugegeben, es klingt ein bisschen wie aus einer Broschüre des Familienministeriums, aber dennoch ist da was dran: Erziehen qualifiziert. Etwa durch Windeln wechseln? Dutzidutzi machen? Kinderwagen schieben? Das ist damit nicht gemeint, sondern: Grenzen setzen, Verantwortung spüren, Familienleben organisieren, kleine Katastrophen verhindern.

Mich haben meine Kinder ganz bestimmt vorangebracht. Ich bin besser geworden in einem Beruf, der viel mit Einfühlen und Verstehen zu tun hat. Ich muss geerdet sein, schnell entscheiden und möglichst vieles gleichzeitig bedenken können. Je wichtiger die Soft Skills im Arbeitsleben werden, die »weichen Fertigkeiten«, wie etwa soziale Kompetenz, desto klarer wird: Kinder zu erziehen ist eine prima Fortbildung.

Frauen, die Kinder bekommen und Karriere gemacht haben, sagen: »Meine Führungsfähigkeiten haben sich verbessert, gerade wenn es Konflikte gibt.« Chefinnen, die Kinder haben, delegieren mehr, erkennen die Potentiale ihrer Mitarbeiter früher und beherrschen das Zeitmanagement besser. Mütter können führen, sie sind teamfähig und verantwortungsbewusst, können Multi-Tasking, Prioritäten setzen und Entscheidungen treffen, haben Ideen und sind belastbar. Sie weisen somit lauter Managertugenden auf, zeichnen sich durch emotionale und soziale Kernkompetenzen aus. Ein pralles Familienleben kann einem einige Seminare zum Thema Führungsstil, Persönlichkeitsbildung und Kreativität ersparen.

Untergang des Abendbrotes

Angenommen, Sie sind entschlossen, ein Kind zu bekommen und im Job zu bleiben. Wie fangen Sie das am besten an? Fragt man zu diesem Thema Karrieremütter, sagen die mit überwältigender Mehrheit: »Man braucht den passenden Mann, einen, der mithilft.« Jederzeit wichtig ist es außerdem, motiviert zu sein und belastbar, pragmatisch und kompromissbereit – man muss jeglichem Perfektionismus abschwören. Die meisten Frauen, die ein Kind gekriegt haben und in ihrem Job weiterkommen wollen, bleiben nur sechs Monate, höchstens zwölf, zu Hause und organisieren für ihre Kinder einen Mix aus Kita, Tagesmutter oder Kinderfrau plus Oma und Opa. Die Hausarbeit lagern sie, so gut es geht, aus.

Bei vielen erwerbstätigen Müttern funktioniert es im Job mit einer offensiven Strategie gut. Das heißt: Die Kinder nicht verschweigen, sondern dem Chef immer deutlich zeigen, ich will beides, Kind und Karriere, und ich habe die Interessen des Unternehmens im Blick. Es muss auch mal drin sein, Arbeit mit nach Hause zu nehmen, damit man rechtzeitig das Büro verlassen kann, um bei den Kindern zu sein und trotzdem das Jobpensum schafft. Wenn die Kinder motzen, weil man sich nach dem Abendessen noch an den Computer setzt, dann erklären und zeigen diese Mütter, was sie da gerade machen und warum es ihnen wichtig ist. Sie sind überzeugt, dass die Kinder auf lange Sicht mit dem Lebensmodell ihrer Eltern sehr gut zurechtkommen, dass sie stolz sind auf ihre Mütter und sie als Vorbild sehen.

»Wenn beide Eltern arbeiten, dann haben Vater und Mutter doch überhaupt keine Zeit mehr für ihr Kind« – diesen Spruch hört man immer wieder. Auch das stimmt einfach nicht. Der siebte Familienbericht der Bundesregierung beweist: Deutsche Mütter verbringen im Schnitt zwei Stunden und achtzehn Minuten täglich mit ihren Kindern und liegen damit im europäischen Mittelfeld. In Frankreich, Schweden, Norwegen und Finnland – wo die meisten Mütter voll berufstätig sind – sind es zwei bis zweieinhalb Stunden am Tag, die Mütter für ihren Nachwuchs erübrigen. Und Fakt ist: Eltern in allen Industrieländern sind heute mehr mit ihren Kindern zusammen als jemals zuvor – täglich fast eine halbe Stunde länger als noch vor zehn Jahren. Und das, obwohl inzwischen mehr Mütter arbeiten und Kinder häufiger von anderen Personen betreut werden. In Deutschland sitzen Familien jeden Tag insgesamt zwanzig Minuten länger gemeinsam am Esstisch als im guten alten Früher. Auch wenn beide Eltern berufstätig sind, nimmt man sich im Schnitt eine Stunde und zwanzig Minuten. Von wegen: jedem Kind sein Fast Food vor dem Fernseher. Verrohung der Tischsitten. Untergang des Abendbrotes.

Bleibt das Stillargument: Wenn eine Mutter gleich nach der Geburt wieder arbeitet, dann ist sie schon deshalb eine Rabenmutter, weil sie ihr Kind nicht lange genug stillen kann – und das schadet, medizinisch eindeutig nachweisbar. Aber erstens dürfen Frauen in den acht Wochen nach der Geburt gar nicht arbeiten, in dieser Zeit gilt der Mutterschutz. Und dann kann man zweitens ja zusätzlich noch den Jahresurlaub nehmen. Also drei, vier Monate vermag jede Frau voll zu stillen, wenn es denn klappt und wenn sie denn will. Und wenn nicht, dann gibt es inzwischen sehr gut an die Bedürfnisse des Kindes angepasste Ersatzmilch. Dann muss man also auch kein schlechtes Gewissen haben.

Stillen oder arbeiten, um diese Frage geht es nicht. Ich habe beide Kinder gestillt und jeweils acht Wochen nach der Geburt wieder angefangen zu moderieren, habe also jede dritte Woche täglich gearbeitet. In der Redaktion stand die Milchpumpe unter dem Schreibtisch. Mein Moderationspartner auf der anderen Seite des Tisches kannte das Spiel. Eine meiner Vorgängerinnen hatte auch während der Vorbereitung auf die Sendung gepumpt. Da hing dann immer ein Schild an der Tür: »Wir melken.« Ich machte es ohne Schild, weil die Zeit im aktuellen Fernsehgeschäft knapp ist und man die Kollegen schlecht aussperren kann. Der eine oder andere Reporter oder Redakteur wunderte sich über das merkwürdige Geräusch oder über meine gebeugte Sitzhaltung halb unterm Tisch, viele haben aber nicht mal kapiert, was da passierte. Für die Optik gibt es Oberteile in Wickeltechnik.

Einige Monate nach der ersten Geburt habe ich dann auch wieder mehr gearbeitet, das Filmprojekt beim ZDF vorangetrieben. Da wurde es auch mal kompliziert mit dem Stillen. Ich musste mit meinem Chef für zwei Tage nach Wien, zu einer Besprechung mit einer Komponistin. Sie sollte die Musik zu unserer dokumentarischen Serie über die ungewollt kinderlosen Paare machen. Da ausgerechnet unser Flieger sehr voll war, sollte ich mein sperriges Handgepäck (mit der elektrischen Milchpumpe!) nachträglich mit aufgeben. Bei der Gepäckausgabe stellte ich fest: Es war nicht mit uns in Wien angekommen. Kein Problem, wurde mir mitgeteilt, es würde später noch eine weitere Maschine aus Frankfurt landen, in dieser befände sich dann mein Gepäck. Und so war es dann auch. Die Tasche mit der Pumpe wurde mir sogar ins Hotel gebracht. Doch die Pumpe selber war zerbrochen. Es war nicht sehr angenehm, mit überquellenden Brüsten in einer fremden Stadt mit dem Chef allein zu sein. Aber auch in Wien gibt es Krankenhäuser, geburtshilfliche Abteilungen und elektrische Milchpumpen, die auch ausgeliehen werden können. Es gibt eben für fast alles eine Lösung.

Geplant, gestöhnt, geworfen: Eva-Maria Michel und Maria Vollmer

Diesmal haben sie es noch besser hingekriegt als beim ersten Mal. Zweieinhalb Wochen liegen zwischen den beiden Bäuchen von Eva-Maria Michel und Maria Vollmer. Bei der ersten gemeinsamen Schwangerschaft waren es noch zweieinhalb Monate Abstand gewesen. Jetzt sind die Söhne Luis und Jakob drei Jahre alt und spielen im Gemeinschaftshinterhof, völlig versunken im Miteinander, in der Backsteinidylle mit Schaukel und Sandkasten.

Die Mütter lehnen mit ihren runden Bäuchen am Gartentisch und trinken Saft. Sie sind ein Paar. Im

Job, nicht im Leben. Weil sie zusammen arbeiten und aufeinander angewiesen sind, kriegen sie ihre Kinder immer gemeinsam. Eva-Maria Michel und Maria Vollmer sind Tänzerinnen und seit fünf Jahren die »First Ladies«, ein Musik- und Comedyduo. In den nächsten Tagen werden sie noch ein letztes Mal auf der Bühne stehen, dann geht es endgültig in die Babypause. In gut zwei Monaten sollen die Kinder kommen.

»Wenn die Leute uns bei einem Auftritt sehen, die glauben gar nicht, dass die Bäuche echt sind. Die meinen, wir hätten uns ein Kissen umgeschnallt«, erzählt Maria. Kein Wunder, die beiden Frauen hüpfen noch im siebten Monat über die Bühne und schlagen Räder. Da geht dann ein Raunen, ein »Ah!« durch den Saal. »Frisch gepresst« nennt sich eines ihrer Programme, eine Anspielung auf ihre Schwangerschaft, da heißt es dann auch: »Geplant, gestöhnt, geworfen.«

Maria ist bald neununddreißig, Eva-Maria gerade vierzig geworden. Sie lachen viel, rufen sich immer etwas zu, gestikulieren wild herum. Man wird unterhalten. Sie sprühen vor Lebenslust, die Gesichter strahlen. Sie sitzen da, ganz entspannt auf ihren Gartenstühlen, die Füße hoch, die Bäuche im Griff. Ein einziges Mal in zwei Stunden springt Maria auf, weil Jakob schreit. Eva-Maria stammt aus Zug, mit Anfang zwanzig ging sie aus der Schweiz nach Rotterdam, um Tanz zu studieren. Dort lernte sie Maria Vollmer kennen, die in der Nähe von Stuttgart groß geworden ist. Nach dem Abschluss des Tanzstudiums tingelten beide Frauen unabhängig voneinander durch Deutschland und Europa, von einer freien Tanzgruppe zur nächsten.

Eva-Maria verschlug es eines Tages nach Hamburg, beim Bummel über eine Künstlerbörse begegnete sie ihrem späteren Mann Bernd, einem Schauspieler. Sie beschlossen, sesshaft zu werden, in Köln. Wie es beruflich weitergehen sollte, war ihr noch nicht klar. Um dies herauszufinden, besuchte sie ein Business-Coaching für Selbständige. Nach der ersten Sitzung traf sie zufällig ihre alte Tanzkollegin Maria am Bahnhof und sagte: »Mach doch mit beim Coaching.«

Dann ging alles ganz schnell. Maria war fünf Jahre fest bei einer Düsseldorfer Tanzgruppe gewesen, jetzt reichte es ihr, irgendetwas musste passieren. Sie kam also mit zum Coaching. Die Trainerin fragte sie alles Mögliche, auch, ob sie Kinder wolle. In diesem Moment brach Maria in Tränen aus: »Ich hab doch nicht mal einen Mann!« Sie war fast vierunddreißig und hatte sich bisher nicht getraut, an ein Kind zu denken. Aber sie musste sich eingestehen: »Ja, schon, eine Familie wäre schön.« Und hier half der Zufall ausnahmsweise wirklich nach. Peter, ein Kabarettist, war ebenfalls ein Teilnehmer des Coaching-Seminars. Und er wurde Marias Mann.

Am zweiten Tag des Kurses entschieden Eva-Maria und Maria, ein Tanz- und Comedyduo zu gründen. Drei Wochen später standen sie zusammen im Proberaum, es funktionierte. Reich und berühmt wurden sie damit nicht gleich, aber sie hatten recht bald ein ordentliches Einkommen. Und dann war da ja auch noch das Kinderthema. Eva-Maria wollte schon ein Kind, aber sie traute sich zunächst nicht, es Maria zu sagen. Sie wollte das Duo, die First Ladies, nicht gefährden. Doch an einem denkwürdigen Nachmittag rief Maria bei ihrer Partnerin an: »Ich will ein Kind. Bist du dabei?« Keine Frage. Aber da waren ja auch noch die Männer. Marias Mann war ganz froh, dass ihm auf diese Weise eine gewisse Verantwortung abgenommen wurde. Bernd fragte schon mal nach: »Mit wem willst du eigentlich das Kind kriegen? Mit mir oder mit Maria?«

Die Frauen planten alles generalstabsmäßig: Die Auftritte, die Schwangerschaften und die Babypause. Die Kinder kamen zur Welt, alles verlief wie gewollt. Die Mütter fingen langsam wieder an, Termine zu machen, zu proben, schließlich mit den Babys auf Tournee zu gehen. Die Geige auf den Rücken, das Kind auf den Bauch geschnallt, stiegen die Frauen in den Zug nach Hannover, Herford oder Göttingen. Hin und wieder brauchten sie auch schon mal eine Umsteigehilfe, aber es ging trotzdem alles. Im Theater angekommen, mussten Requisiten auf die Bühne geschafft, Licht und Ton eingerichtet werden. Die Babys waren auf dem Arm, lagen auf dem Schaffell oder an der Brust. Während des Auftritts sah ein Babysitter nach den Jungen. Anschließend ging es zurück nach Hause.

Lange Zeit dachte Maria: Ein Kind, das geht nicht, in unserem Bereich – Tanz, Comedy, Kleinkunst. Um sie herum gab es auch keine Familien. Und dann kamen sie auf einmal hier und da zum Vorschein, Frauen, die Mütter wurden und nicht hinterm Herd verschwunden sind. Und dann gelangte sie zu dem Schluss: »Doch, Kinder mit unserem Beruf, das funktioniert.«

Eine Vollzeitmutti wollte auch Eva-Maria nie sein. Es sollte noch nicht einmal danach aussehen. »Wenn ich am Anfang mit dem Kinderwagen auf der Straße unterwegs war, dann versuchte ich immer, möglichst ›geschäftlich‹ zu wirken, dynamisch zu gehen, damit ja keiner auf die Idee kam, ich mache ›nur‹ Kind.« Heute lacht sie darüber. Inzwischen ist Luis dreimal die Woche in einer Spielgruppe. Ansonsten teilen die Eltern sich die Betreuung oder buchen einen Babysitter. Bei Jakob sieht es etwas anders aus, hier ist eher seine Mutter für die Betreuung zuständig. Bisher war er bei einer Tagesmutter, jetzt, wo er drei ist, geht er in den Kindergarten, von acht bis vier Uhr. Es ist alles geregelt und läuft bestens.

Die Entscheidung für das zweite Kind ist beiden leichter gefallen als beim ersten. Ganz wichtig war für sie, dass es auch mit zwei Kindern mit den First Ladies weiterging. Die beiden Frauen entwickelten noch schnell ein neues Programm, legten den Premierentermin fest und wurden erst dann schwanger.

Die Wochen vor der Premiere waren anstrengend: »Abends, wenn Jakob im Bett war, lernte ich die Texte. Vier, fünf Tage in der Woche probten wir, unsere Kinder waren dabei oder beim Babysitter. Da hatte ich teilweise ein echtes Rabenmuttergefühl. Und wenn man selber angespannt ist, dann sind auch die Kinder nicht cool«, erzählt Maria. Jetzt ist es vorbei und es hat funktioniert, die Premiere war erfolgreich, es wird weitergehen. Maria ist zuversichtlich: »Ich finde es ungeheuer spannend, zu sehen, zu was ich alles fähig bin. Dieses Leben mit Kindern, das ist so ... herausfordernd! Und es ist eine große Qualität. Eine Basis. Das gibt einem auch Energie.« Und für Eva-Maria bedeutet

Familie eine zusätzliche Dimension in ihrem Leben: »Ich kann Mutter sein, Tänzerin oder auch Businessfrau. Das macht mich frei.«

5 Ich krieg doch kein Kind, um es wegzugeben

Wer versorgt, erzieht und unterhält mein Kind? Wo und wie ist es gut aufgehoben, wenn die Eltern arbeiten? Wir wissen, weil wir es ständig lesen: Es steht nicht gut um die Kinder und ihre Betreuung in Deutschland. Es gibt auf diesem Gebiet noch unendlich viel zu tun. Alles ist so schlecht geregelt und sollte doch optimal sein. Und dann stellen manche Journalisten Ansprüche. Ganz reizend finde ich die Forderung nach »völlig kostenloser Kinderbetreuung mit exzellent ausgebildetem Betreuungspersonal« für alle Kinder ab drei Monaten, Öffnungszeiten rund um die Uhr selbstverständlich eingeschlossen. Das stand in der Sonntagsausgabe der *FAZ*, ernsthaft.

24-Stunden-Kinderdienst. Sonst noch was? Wo leben wir denn? Natürlich ist das hier kein kollektiver Kinderfreizeitpark. Man muss das Nest schon selbst bauen, auch das Ausweichnest für die Zeit, in der die Eltern beide arbeiten. Ist es denn zu viel verlangt, die Anzeigen im Käseblatt zu lesen oder den Aushang von einer Tagesmutter? Oder vielleicht sogar selbst nach einer Wunschoma in der Nachbarschaft zu suchen? Es gibt eine Menge ungewollt »enkelloser« Senioren, deren Kinder (noch) keine eigene Familie haben.

Auch wenn man sich die Lösung im Einzelfall vorher nicht genau ausmalen kann: Kinder im Haus lassen die Eltern über sich hinauswachsen und bringen sie auf Ideen, der Rest ergibt sich. Vieles lässt sich kreativ lösen: mit Oma und Opa, wenn vorhanden, mit einem Au-pair, einer 400-Euro-Kinderfrau oder mit Vater und Mutter, die sich abwechseln. Irgendwas geht immer. Und niemand kann mehr behaupten, dass Kleinkinder in einer Kindertagesstätte schlecht aufgehoben wären.

Eine Mutter ist natürlich unersetzlich. Aber ganz für sein Kind da zu sein heißt nicht, es vierundzwanzig Stunden um sich zu haben. Ein Kind sollte neben der exklusiven Liebe zu den Eltern auch andere Bindungen eingehen können und all das erleben, was eine Mutter zu Hause nicht leisten kann. Meine Tochter sagt mir ständig, dass ich die liebste Mama der Welt bin, und im nächsten Satz, dass sie unbedingt die Erste in der Kita sein will – morgens um Viertel vor acht. Ich kann das gut verstehen und freue mich darüber. Was will man mehr für seine Kinder als liebevolle Profi-Erzieher, einen Haufen Spielkameraden, geregelte Abläufe, ein vernünftiges Mittagessen und vor allem ein Riesenangebot zum Bewegen, Erleben und Lernen? Kindergarten ist keine Aufbewahrung, sondern Vorschulbildung und Freizeitgestaltung vom Feinsten.

Lottokönige mit Krippenkindern

Es gibt nicht überall für jedes Kind einen Platz in der Krippe, in der Kindertagesstätte oder auch der Ganztagsschule. Aber wenn der *Spiegel* schreibt: »Ein Krippenplatz ist wie ein Lottogewinn«, dann ist das einfach kompletter Unsinn. Vor Jahren mag das noch gestimmt haben. 2002 kamen im Westen auf hundert Kinder unter drei Jahren 2,7 Krippenplätze. Inzwischen gibt es ein

Gesetz zum Ausbau der Tagesbetreuung und auch das entsprechende Geld. Mitte 2005 hatten dann auch schon bundesweit 13,7 Prozent der Kinder unter drei Jahren einen Platz in der Krippe oder bei einer subventionierten Tagesmutter. Diese Zahlen veröffentlichte das Familienministerium im Sommer 2006. Bis zum Jahr 2010 soll die Nachfrage gedeckt sein, mit 230 000 Plätzen. Und das scheint auch zu klappen, so zügig wie die Kommunen ihre Krippen ausbauen. Im Übrigen: All diese Statistiken zählen nur offizielle Plätze. Kinder, die zwei- oder dreimal in der Woche für ein paar Stunden im kirchlichen Miniclub sind oder einem selbst organisierten Spielkreis, oder die Kleinen, die schon mit zwei in den Kindergarten kommen – in Rheinland-Pfalz ist das die Regel –, die werden dabei nicht erfasst.

Und das Angebot richtet sich natürlich auch nach der Nachfrage. Die ist höchst unterschiedlich, da zeigt sich ein deutliches Stadt-Land-Gefälle. Tatsächlich gab es schon 2002 in vielen größeren Städten ein anständiges Krippenangebot. In Berlin für mehr als ein Drittel, in Hamburg für 13 Prozent aller Kinder unter drei Jahren, für 12 Prozent in Heidelberg, 11 Prozent in Bremen sowie für 10 Prozent in Stuttgart, Darmstadt, Freiburg, Wiesbaden und München. Das reicht zwar immer noch nicht für alle, aber doch für die meisten, die einen Krippenplatz brauchen und wollen. Richtig schlecht sieht es in ländlichen Gegenden im Westen der Republik aus: Im Schnitt kommt auf hundert Kinder ein Platz, und oftmals wird noch nicht mal ein einziger angeboten. Interessanterweise werden gerade in diesen Regionen die meisten Kinder geboren, genauer gesagt im Baden-Württembergischen Landkreis Tuttlingen. Ganz oben beim Kinderkriegen sind die katholischen

Landwirte im Raum Vechta in Niedersachsen. Die Eltern hier scheinen auf Kitas verzichten zu können. Vermutlich, weil die Mütter in einem solch eher traditionellen Umfeld in der Regel Hausfrauen sind.

Wenn man also nicht gerade auf dem Land lebt, dann ist es inzwischen nicht mehr illusorisch, für ein Baby einen Platz in der Krippe oder Kindertagesstätte zu bekommen. Je kleiner das Kind ist, desto einfacher ist es, dieses dort unterzubringen, weil die Krippen oft Quoten erfüllen müssen, also einen bestimmten Anteil von Kindern unter einem Jahr brauchen. Die meisten Eltern aber wollen ihre Kinder – wenn überhaupt – erst später, mit einem oder mit zwei Jahren in einer Einrichtung unterbringen. Die Kita meines Sohnes beispielsweise müsste eigentlich auch ein Kind unter einem Jahr in der Gruppe haben, findet aber keins.

Meine Kinder haben beide einen Tagesplatz in einer städtischen Einrichtung in der Nähe unserer Wohnung – und das in einer Stadt und einem Bundesland mit ausgesprochen armseliger Versorgungsdichte. Theoretisch sind unsere Kinder jeden Tag von 7.15 Uhr bis 16.30 Uhr betreut, also gut neun Stunden. Und das alles für einen Monatsbeitrag von 373 Euro für beide Kinder – Geschwister sind ja immer gratis. Nur das Mittagessen kostet extra. Wobei dieser Betrag der Höchstsatz ist, für Eltern mit gutem Einkommen.

Weil mein Mann und ich unregelmäßige Arbeitszeiten haben, reicht das aber nicht. Wenn ich im Fernsehen moderiere, fange ich erst mittags an und komme abends nach Hause, wenn die Kinder schon schlafen. Mein Mann ist in der Regel auch nicht vor sechs, halb sieben da. Da bleibt also öfter mal eine Betreuungslücke am Nachmittag. Wir wollen die Kita nach Möglichkeit nicht ausreizen, die Kinder sollen ja gerne hingehen. Zwischen drei und halb vier holen wir sie ab. Mal ich, mal mein Mann, mal Oma und Opa, oft auch die Kinderfrau. Wir haben sie auf Mini-Job-Basis beschäftigt, für 345 Euro plus Nebenkosten, insgesamt sind das 424 Euro. Sie bringt auch mal die Kinder ins Bett, wenn wir beispielsweise beide länger arbeiten müssen, ist unser Babysitter, wenn wir abends ausgehen, und reist sogar mit uns und den Kindern zu einem Dreh, wenn es nicht anders geht. Sie muss flexibel sein, weil wir es als Freiberufler auch sein müssen.

Insgesamt geben wir 724 Euro für die gesamte Betreuung aus, die wir aber immerhin zu zwei Dritteln von der Steuer absetzen können. Macht bei einem Grenzsteuersatz von – angenommen – 37 Prozent eine Steuerersparnis von 179 Euro. Auf diese Weise bleiben uns Kosten in Höhe von 545 Euro. Durch den steuerlichen Kinderfreibetrag kommen aber wieder rund 358 Euro rein. Unsere Super-Luxus-Betreuungslösung finanzieren wir dadurch letztlich mit netto 187 Euro im Monat. Und Oma und Opa gibt es natürlich gratis obendrauf. Die Eltern meines Mannes wohnen allerdings achtzig Kilometer weit entfernt, deshalb sind sie nicht sehr intensiv ins Betreuungsprogramm eingeplant. Aber sie nehmen die Kinder an einem Nachmittag in der Woche und manchmal auch über Nacht. Die Großeltern sind natürlich einsame Spitze. Aber auch unsere Kinderfrau ist selbstbewusst und erfahren genug, unsere Tochter und unseren Sohn wirklich zu erziehen. Liebevoll ist sie sowieso, und auch unternehmungslustig.

Die Basis der Betreuung ist natürlich die Kita. Als wir uns nach einem Platz für unseren Sohn erkundigt haben, war er eineinhalb. Wir hätten ihn sofort unterbringen können, allerdings einen Stadtteil weiter. Mit ein paar Monaten Wartezeit hat es jetzt auch bei uns in der unmittelbaren Umgebung geklappt. Wie kommt das bloß? Warum gewinnen wir im Lotto? Warum haben auch unsere Nachbarn problemlos einen Platz für ihren Kleinen in einer städtischen Kita gefunden? Ein Grund ist sicher, dass nur Kinder von berufstätigen Eltern aufgenommen werden. Und die weitaus meisten Mütter von Kindern unter drei Jahren sind eben Hausfrauen. Aber ausschlaggebend ist wohl die Tatsache, dass sehr viele – auch die berufstätigen Eltern – sich gar nicht erst um einen Tagesplatz für ihr Baby oder Kleinkind bemühen. Offenbar haben sie eine andere, passendere Lösung. Die allerwenigsten Mütter von kleinen Kindern sind ja ganztags erwerbstätig. Und deshalb will auch nur ein Bruchteil von ihnen eine Vollzeitbetreuung.

Fragt man Eltern, warum sie für ihre Kinder keine öffentliche Betreuungseinrichtung nutzen, also Krippen, Kindertagesstätten oder auch Horte für Schulkinder, dann sagt ein Drittel: »Kein Bedarf, ich will mein Kind selbst versorgen.« Ein weiteres knappes Drittel gibt die Auskunft: »Ich habe eine private Lösung gefunden oder die Schul- bzw. Kindergartenzeit deckt die Arbeitszeit ab.« 13 Prozent meinen: »Mein Kind ist noch zu klein.« Und erst dann folgt mit 6,5 Prozent die Begründung: »Hier bei uns gibt es kein Angebot.« Und genauso viele Eltern sind es, die keinen Platz für ihr Kind bekommen haben. Das ist also die Ausnahme, nicht die Regel.

Meine Erfahrung, die ich in einer Stadt mit einem unterdurchschnittlichen Krippenangebot gemacht habe, sieht so aus: Wer berufstätig ist und sich rechtzeitig kümmert, der erhält einen Platz. Vielleicht nicht gleich vor der Haustür, aber auch dafür steigen die Chancen, weil das Angebot ständig besser wird und weil es immer weniger Kinder gibt. Wer sich also demnächst für Nachwuchs entscheidet, der hat alle Möglichkeiten.

Auch die Ganztagsschulen werden ausgebaut. Bald, mit sechs Jahren, wird meine Tochter in die nächstgelegene Grundschule gehen, die gut fünf Minuten zu Fuß entfernt liegt, nur die Straße runter. Diese Grundschule wird dann eine OGATA sein, eine Offene Ganztagsschule. Die Bauarbeiten sind in vollem Gange. In der OGATA ist ein warmes Mittagessen und eine Hausaufgaben-Betreuung vorgesehen, auch diverse Spielgelegenheiten sollen nicht fehlen. Bis in den Nachmittag hinein sind die Kinder auf diese Weise gut beschäftigt. Kostenpunkt für die Eltern: etwa 50 bis 100 Euro im Monat.

In den nächsten Jahren sollen 10 000 zusätzliche Ganztagsschulen in den Ländern entstehen, dafür gibt es vier Milliarden Euro vom Bund. Doch schon jetzt ist es nicht völlig aussichtslos, sein Schulkind bis in den Nachmittag gut betreuen zu lassen. An den üblichen Halbtags-Grundschulen gibt es für zwei Drittel der Kinder ein Betreuungsangebot nach dem Unterricht, meistens bis 14 Uhr. Und dann sind da ja auch noch die Horte.

Anscheinend stimmt auch die Qualität. Fast alle Mütter (83 Prozent) finden die Einrichtungen, in die ihre Kinder gehen, gut bis sehr gut. Und bei den ganz Kleinen läuft es anscheinend noch besser. 92 Prozent der Mütter, die ihre Kinder in der Krippe haben, sagen: Ich bin »zufrieden« oder sogar »sehr zufrieden« mit der Qualität der Betreuung. Der Rest ist »mittelmäßig zufrieden«. Unglücklich ist also praktisch keine Mutter. Erstaunlich. Denn alle anderen scheinen zu glauben, dass Krippe irgendwie von Krüppel kommt, Seelenkrüppel, die da von unwilligen Fremden gleichgeschaltet und verwahrt werden.

Heimatfilm Familie

Es gibt also ein Betreuungsangebot. Das ist nicht gerade üppig, aber immerhin: Es wird erweitert, und zwar zügig. Wie ist es aber mit der Nachfrage? Mehr als 80 Prozent aller Mütter von kleineren Kindern sagen: »Mir ist es wichtig, berufstätig zu sein.« Aber nur ein kleiner Teil dieser Mütter ist es in Vollzeit, die allermeisten arbeiten gar nicht oder in Teilzeit. Im Durchschnitt kommt eine Arbeitszeit von 5,3 Stunden in der Woche heraus. Bei den Ganz-und-gar-Hausfrauen ist laut einer Umfrage des Forsa-Instituts von 2006 nur für jede dritte Frau das Betreuungsproblem der Grund, warum sie null Stunden Arbeitszeit außer Haus hat. Viele von ihnen wollen also nicht berufstätig sein – obwohl es ihnen doch wichtig wäre! Merkwürdig.

Mehr noch als unter einer fehlenden Kinderbetreuung leiden die Deutschen an einem pseudo-romantischen Familienbild, das noch aus einem Heimatfilm aus dem vorigen Jahrhundert stammt: Die Hauptrolle spielt die Hausfrauen-Mutter, sie macht daheim alles hübsch und holt mittags die Kleinen aus dem Kindergarten ab, wartet geduldig auf die Älteren, die ewig bummelnden Schulkinder, um sie zu bekochen und gütig lächelnd den Vormittagsverlauf abzufragen. Arbeitende Mütter mit glücklichen Kindern sind nicht vorgesehen. Nur Karriere-Zicken, die ihre Kinder kaltherzig in der Krippe entsorgen.

Es ist nicht zu verstehen, aber in den deutschen Köpfen

ist immer noch die Vollzeitmutter das Maß aller Dinge. Das schlechte, alte Mutterkreuz-Ideal. Und das im 21. Jahrhundert! Nicht mal die CDU vertritt das noch, aber laut einer Emnid-Umfrage von 2006 sind im deutschen Westen 41 Prozent der Menschen der Ansicht, Kinder bis sechs Jahre sollen ausschließlich von der Mutter betreut werden. Ausschließlich! Sechs Jahre lang! Ja, wo leben wir denn?! Und wann?!

Liegt es daran, dass alle Vollzeitmuttis ihr Heimat-Modell mit Zähnen und Klauen verteidigen, damit niemand auf die Idee kommt, sie blieben nicht wegen der Kinder, sondern aus Faulheit zu Hause? Zwei Drittel der deutschen Mütter zwischen dreißig und vierzig sind jedenfalls der Ansicht, ein Kleinkind leide darunter, wenn die Mutter berufstätig ist, vermutlich genau die zwei Drittel, die eben nicht arbeiten. »Nur-Hausfrauen« – um das böse Wort zu nehmen – neigen zu einer gewissen Intoleranz.

Ich weiß nicht, in welcher Welt Eva Herman lebt, wenn sie beklagt, dass Hausfrauen schlechtgeredet und an den gesellschaftlichen Rand gedrängt werden. Hier bei uns in Deutschland ist es jedenfalls die Regel, dass Mütter Hausfrauen sind, besonders in den ersten drei Lebensjahren ihres Kindes. Und genau diese Lebensform wird ja vom Staat großzügig unterstützt, mit dem Ehegattensplitting. Durch diese Steuersubvention lohnt es sich finanziell, zu Hause zu bleiben, und werden dazuverdienende Ehefrauen bestraft. Genauso unsinnig ist Eva Hermans Panik vor einem »flächendeckenden« Ausbau der Kinderkrippen. Denn noch gibt es eben zu wenige Plätze, genug für alle wird es niemals geben. Und es wird ja nun wirklich niemand gezwungen, sein Kind in die Krippe zu geben.

»Ich würde mein Kind niemals den ganzen Tag in fremde

Hände abschieben! Wofür habe ich es denn bekommen?«, fragen die Hausfrauen entrüstet. Hoffentlich nicht, um es zu beglucken. Die Antwort ist doch ganz einfach: für den Rest der Zeit! Wenn ich vierzig Stunden arbeite, dann habe ich ja für mein Kind immer noch fast doppelt so viel übrig – wenn man die Stunden unter der Woche nimmt, in denen man nicht schläft, die Wochenenden, sämtliche Feiertage und Ferien.

Erfahrungsgemäß macht eine arbeitende Mutter mehr aus der Zeit mit ihrem Kind als eine Hausfrau, die es ständig um sich hat. Ich fühle mehr Mutterliebe in mir, seitdem meine Kinder tagsüber geregelt außer Haus sind und ich mich tatsächlich von ganzem Herzen auf und über sie freuen kann. Wenn ich aus dem Büro rauf ins Wohnzimmer komme und meine Tochter mir mit einem selbstgemalten Bild um den Hals fällt: Eine Strichmännchenfamilie mit Herz-Schmetterlingen drum herum. Oder unsere Mußestunden am Morgen, wenn ich von Ferne ein »tapp-tapp-tapp« höre und noch im Halbschlaf unwillkürlich lächeln muss, weil da mein Frühaufstehersohn fröhlich plappernd um die Ecke biegt. Wenn wir alle vier erst mal ausgiebig kuscheln und toben, bevor das Morgenprogramm startet. Und unsere Kinder dann am Frühstückstisch lautstark ein eben erfundenes Lied anstimmen.

Wenn ich für meine Kinder da bin, dann habe ich mein Soll erfüllt, meinen Job erledigt. Und dann bin ich, glaube ich, die beste Mutter, die meine Kinder kriegen können. Im Übrigen sind der Garten, das Fahrrad und der Urlaub, den wir uns mit meinem Einkommen leisten können, auch einiges wert für die Kinder.

Ganz zu Hause zu sein wäre mir persönlich viel zu anstrengend. Ein Tag im Büro kann sehr erholsam sein für

Menschen, die etwas leisten und mit ihrer Arbeit vorankommen wollen. Einfach deshalb, weil es da geordnet zugeht, die Anforderungen vergleichsweise eindimensional sind und der Geräuschpegel niedrig. Und weil man dort nachvollziehbar etwas schafft, das vielleicht sogar anerkannt wird. Wenn man dagegen von morgens bis abends seine Kinder betreut, ist man am Ende eines Tages zwar groggy, hat aber nicht wirklich das Gefühl, etwas erreicht zu haben. Ich habe die Kinder ja nicht einen – messbaren – Zentimeter groß gezogen oder einen IQ-Punkt schlauer gemacht. Solche – kleinen – Erfolgserlebnisse verschafft man sich tatsächlich leichter im Job.

Je mehr Stunden die Mütter außer Haus arbeiten, desto weniger erleben sie das Kind als Belastung und desto weniger fühlen sie sich überfordert – das sagt eine deutsche Studie. Die Mischung macht's. In einer großangelegten britischen Untersuchung haben die Forscher weit mehr als tausend Frauen, die 1946 geboren sind, alle zehn Jahre neu über ihren Gesundheitszustand befragt und medizinisch untersucht. Herausgefunden haben sie: Berufstätige Frauen mit Kindern sind gesünder und schlanker als Hausfrauen – und auch gesünder und schlanker als Kinderlose. Am schlechtesten von allen drei Gruppen fühlten sich die Hausfrauen, fast 40 Prozent von ihnen waren außerdem übergewichtig.

Blödsinnige Sätze, wie »Man kriegt doch keine Kinder, um sie wegzugeben!«, werden aber beileibe nicht nur von Vollzeitmüttern propagiert. Zum Thema Kindererziehung hat jeder eine Meinung. Wir waren ja alle mal Kind, deshalb reden auch Kinderlose bei dieser Problematik laut und gerne mit. Oder Eltern, deren Kinder längst erwachsen sind. Sie behaupten mit Vorliebe, dass ein Kind jederzeit seine Mutter braucht. Weil sie es selber so gemacht haben und sich möglicherweise unter einem rückwirkenden Rechtfertigungsdruck fühlen – als Hausfrau, die auch später nicht arbeiten gegangen ist, als die Kinder längst groß waren. Und so erweist sich die Schwiegermutter manchmal als echter Hemmschuh für die Karriere einer Mutter.

Kurioserweise haben gerade kinderlose Frauen oft ein völlig idealisiertes Mutterbild. Die Madonna auf dem Drei-Meter-Sockel muss immer und überall bereit sein, die Bedürfnisse ihres Kindes vollständig zu erfüllen, natürlich freudig und sanftmütig.

Der Alleinzuständigkeitsanspruch der Mütter wird nicht selten auch von den Männern der Nur-Hausfrauen vertreten. Denn eine Hausfrau, die ihrem Ernährer den Rücken freihält, alle Hintergrundarbeit verrichtet und finanziell abhängig ist, die ist ja oft für ihn ein sehr bequemes Arrangement. Und so meinen in Umfragen die deutschen Männer zu drei Vierteln (!), es schade einem Kleinkind, wenn die Mutter arbeiten geht. Ob die Väter zu Hause sind oder nicht, ist aber in ihren Augen anscheinend völlig egal für das Gelingen der Kindererziehung. Dabei wäre es gerade für die Söhne ausgesprochen wichtig, dass sich die Väter mehr um sie kümmern.

Hausfrauen, deren Männer, Kinderlose, die Elterngeneration – da kommen einige zusammen, die die Mutter im Haus loben. Vollzeitmuttis haben eine bemerkenswerte Hausmacht. Deshalb – und nur deshalb – ist es eine Art Common Sense, dass Mütter immer bei ihren Kindern zu Hause bleiben sollen. Vernünftige Gründe gibt es dafür nicht.

Arme Rabenkinder in der Bewahranstalt?

Die von Eva Herman und der Hausfrauen-Lobby gern zitierte Bindungstheorie besagt: Kinder brauchen in den ersten Monaten und Jahren eine stabile Mutterbindung, um sich gut entwickeln zu können. Das ist völlig unbestritten. Aber die Bindungstheoretiker sind keinesfalls alle der Meinung, dass eine berufstätige Mutter diese besondere Beziehung zu ihrem Kind nicht aufbauen kann. Oder dass ein Kind nicht auch zusätzliche Bindungen eingehen sollte. Die Forschung ist sich da weitgehend einig: Viele Vertraute sind gut für die kindliche Entwicklung. Es ist erwiesenermaßen besser, wenn Kinder nicht nur ein Vorbild haben. Wenn sie von fünf oder sechs wichtigen Menschen etwas annehmen können, deren Liebe und Zuneigung sie spüren. Unsere Tochter läuft mit ausgebreiteten Armen und ausgelassenem Lachen auf sechs Menschen zu, die sie regelmäßig betreuen. Mehrere enge Bezugspersonen sind völlig okay, sogar sinnvoll, Hauptsache, sie gehen nicht alle naselang. Und die Qualität stimmt.

Es gibt weltweit keine anerkannte Studie, die belegt, dass es Kindern, auch Babys, schadet, wenn sie von anderen Menschen als ihren Müttern betreut werden, dass sie dadurch körperlich, seelisch oder geistig schlechter dran wären. Die größte und wichtigste Untersuchung zu diesem Thema erforscht noch immer die Entwicklung von 1100 amerikanischen Kindern über einen Zeitraum von vielen Jahren. Dabei zeigt sich, dass die Art der Betreuung für das Wohl des Kindes überhaupt keine Rolle spielt. Es kommt ausschließlich auf die Qualität an. Mütter, die ihre Kleinen zugewandt und liebevoll aufziehen, haben gut entwickelte Kinder – egal ob die zusätzlich von anderen betreut werden oder nicht. Wenn es zu Hause einen schwierigen Erziehungsstil gibt, wenn die Eltern sich nicht genug kümmern oder ständig streiten, dann kann eine Krippe das sogar ausgleichen. Bei der kognitiven Entwicklung, also beim Merken, beim Sprechen, Buchstaben- und Zahlenerkennen, ist eine Krippenerziehung laut dieser Studie sogar ausdrücklich förderlich. Eine schwedische Untersuchung stützt diese Ergebnisse. Sie fand heraus: Kinder, die schon mit einem Jahr fremdbetreut wurden, sind später in der Schule weniger ängstlich und selbständiger als Rund-um-die-Uhr-bei-der-Mutter-Kinder.

Nicht zu vergessen: In der PISA-Studie haben alle Länder besser abgeschnitten, in denen die Kinder nicht von Hausfrauen erzogen werden. Auch deutsche Untersuchungen haben erbracht: Der Besuch einer Krippe ist kein Nachteil für eine intensive Mutter-Kind-Bindung und erst recht nicht für die Entwicklung der Kinder – zumal, wenn es eine sanfte Eingewöhnung gegeben hat, die Mutter also am Anfang mit dabei war. Und diese Tatsache ist auch unabhängig davon, ob die Kinder mit einem Jahr oder mit sechs Monaten in die Krippe gekommen sind.

Die Mutter-Kind-Bindung ist wichtig, aber daneben existieren auch andere Beziehungen, die ebenfalls Sicherheit geben und die Entwicklung fördern. Erzieherinnen sind keine Fremden, genauso wenig wie sie ein Mutter-*Ersatz* sind. Fazit der Krippenforschung: Mama bleibt in jedem Fall die Beste. Und ob sich die Beziehung zwischen Mutter und Kind gut oder schlecht gestaltet, hängt nicht davon ab, ob das Kind zusätzlich von anderen betreut wird. Ein Kind braucht so viel Mutter, dass es spüren kann: Diese Verbindung ist einzigartig und verlässlich, meine Mutter liebt mich, wie ich bin, und ist gern mit mir zusammen. Die wichtigste Rolle für die positive Entwicklung des Kindes spielt die Zufriedenheit der Eltern, vor allem der Mutter. Insofern kann eine unzufriedene Hausfrau sogar eine ausgesprochen schlechte Mutter sein.

Wenn Eva Herman und Co. etwas anderes behaupten, dann geschieht das wider besseres Wissen. Tatsächlich zitiert Frau Herman ja hauptsächlich anonyme Zufallsbekanntschaften, Frauen, die Horrorgeschichten erzählen über Kinder, die auf beinahe grausame Weise fremdbetreut wurden. Und zum anderen führt sie Wissenschaftler an – nicht die führenden, aber immerhin Wissenschaftler –, die über Kinder sprechen, die »unter extremer Vernachlässigung« aufwachsen und »verwahrlost« sind. Eva Herman selbst unterscheidet »intakte Familien« von solchen, in denen Mütter berufstätig sind und die Kinder »sich selbst überlassen und weggeschickt werden … Familienleben Fehlanzeige!« Entschuldigung, aber das ist reine Propaganda, journalistisch unredlich und hat mit dem richtigen Leben nichts zu tun.

Wenn man sich in anderen Ländern und Gesellschaften umsieht, dann ist das Ergebnis ebenfalls relativ eindeutig: Die Franzosen und Skandinavier sind nicht alle lieblos oder seelisch missraten, weil sie ihre Babys in die Krippe bringen. Selbst Kinder der ehemaligen DDR sind nicht alle gefühlskalt, gestört oder geistig minderbemittelt, weil sie mit acht Wochen in die Krippe kamen. Obwohl die Einrichtungen in der DDR ja mit sehr zweifelhaften Methoden betrieben wurden.

Heute bekommen Kinder in der Tagesstätte individuelle Zuwendung und Förderung. In der altersgemischten Gruppe meines Sohnes sind fünfzehn Kinder, davon eines, das erst ein Jahr alt ist, dazu sechs Zweijährige und acht ältere Kinder. Sie werden von zwei Erzieherinnen und einer Kinderpflegerin betreut, in zwei großzügigen Spielzimmern plus je einem Wasch- und Schlafraum sowie natürlich draußen auf dem Spielplatz und im Garten des Außengeländes. Es ist also nicht etwa so, dass da ein Säugling neben dem anderen liegt und die Erzieherinnen verzweifeln, weil sie nicht allen gleichzeitig gerecht werden können. Das hat eher den Charakter einer intakten, perfekt organisierten und bestens ausgestatteten Großfamilie. Da helfen auch mal die Großen den Kleinen, da gibt es immer einen Schoß zum Trösten und eine Erzieherin, die vorliest. In der Eingewöhnungsphase gab es für meinen Sohn eine zuständige Erzieherin, die immer für ihn da war und es natürlich auch jetzt noch meistens ist.

Man kann auch andersherum fragen: Hat die Hausfrauengeneration vor uns, die eine Intensivierung der Mutter-Kind-Beziehung betrieben hat, etwa dafür gesorgt, dass die Jugendlichen und jungen Erwachsenen heute viel rücksichtsvoller, sozial kompetenter und liebesfähiger sind? Oder sind sie nicht vor allem selbstbezogener und bequemer, bindungsunfähiger und nicht mehr bereit, ihr Leben mit einem Kind zu teilen?

Nur bei uns in Deutschland gelten Mütter als ideale Alleskönner und -macher. Nur bei uns gibt es ein grundsätzliches Misstrauen gegen Betreuungsangebote außerhalb der Familie. Vielleicht spielen noch Italien und Spanien in dieser Liga, wo Mütter auf einen ähnlich hohen Thron gehoben werden und die Geburtenrate genauso niedrig ist wie bei uns. Offenbar hängt das zusammen: Mutterkult und Kinderschwund. Mama zu sein ist nicht sehr verlockend, wenn alles an ihr hängt: Mama *ist* nicht nur die Beste, sie *kann* auch alles am besten. Kochen natürlich,

Ostereier bemalen, Hausaufgaben beaufsichtigen, Sandburgen bauen, toben, lachen und singen. Das ist natürlich Quatsch. Erzieherinnen, Väter, Freunde und Köche sind oft sehr viel pfiffiger in diesen Dingen.

Wieso soll eine Ingenieurin oder Fleischereifachverkäuferin, die Mutter wird, automatisch besser mit einem Kind umgehen können als eine Erzieherin, die das drei Jahre gelernt und ihr ganzes Berufsleben lang getan hat? Oder besser als eine erfahrene Mutter, die zwei eigene Kinder hat und – für Geld – zwei Tageskinder nimmt. Warum sollte ein Kind in einer kindersicheren Umgebung voller pädagogisch wertvoller Spielsachen mit Auslauf und Klettergerüst schlechter aufgehoben sein als zu Hause im Wohnzimmer? Warum sollte es einem Kind schaden, eine Gemeinschaft zu erleben? Die exklusive Mutterliebe gibt es doch obendrauf!

Mütter und ihre Grenzen

Von anderen Menschen wurden Kinder schon immer miterzogen, in den besseren Kreisen von Angestellten, ansonsten von Tanten, Großmüttern und Nachbarn. Die Mutter als Hausfrau und Erzieherin, das ist eine deutsche Wirtschaftswunder-Erfindung. Eine historische Ausnahme, ein Mode aus den fünfziger und sechziger Jahren, die der Mann als Alleinernährer sich leisten wollte, damit seine Frau sich nicht die Hände schmutzig machen musste. Aus einer Zeit, in der es noch sehr viel Drecksarbeit gab, in der Frauen gottfroh waren, dass sie nicht mehr gezwungen waren, als Trümmerfrauen zu schuften. In der Gynäkologen allen Ernstes davor warnten, dass Berufstätigkeit bei Frauen zu Fehlgeburten und Sterilität führe. In der Männer die Arbeitsverträge ihrer Frauen unterschreiben mussten und Beamtinnen gekündigt werden konnten, wenn sie heirateten. Eine Zeit, in der Doppelverdiener unbedingt verhindert werden sollten.

Noch früher, vor hundert Jahren und mehr, waren arbeitende Mütter, die ihre Kinder nicht selbst aufgezogen haben, die Regel. In Arbeiterfamilien stand der Vater den ganzen Tag in der Fabrik, und wenn die Frau nicht mitverdienen musste, dann hatte sie in der Wohnung alle Hände voll zu tun. Mit vier oder fünf Kindern. Ohne Wasch- und Spülmaschine, Staubsauger und Elektroherd. Kindheit fand im Hinterhof statt, bis der Nachwuchs alt genug war, selbst zu arbeiten. Auf dem Land war sowieso die ganze Familie auf dem Feld beschäftigt. Bis weit ins 19. Jahrhundert hinein wurden Kinder dazu erzogen, möglichst früh zum Lebensunterhalt beizutragen. Die Atmosphäre in den – vielfach arrangierten – Ehen und Familien war für unsere Begriffe gefühlsmäßig unterkühlt. Erst Mitte des 19. Jahrhunderts kam, als Ergebnis der Aufklärung, so etwas wie praktizierte Mutterliebe auf, wurden die eigenen Kinder gefördert, zumindest in den besseren Kreisen.

Und in jenem schon erwähnten deutschen Wirtschaftswunder setzte sich das dann richtig durch. Was wir als Kinder erlebt haben, in den sechziger bis neunziger Jahren, das war eine Mutter als Hausfrau, ein Leben lang. Und je nachdem, wie es unseren Mütter damit ging, haben wir entweder die Erkenntnis mitgenommen: gute Sache, daran werde ich mir später ein Beispiel nehmen, oder unsere Mütter haben uns eingetrichtert: »Mach es um Gottes willen anders! Mach dich nicht so abhängig von einem Mann! Mach dein Ding! Verdiene ja eigenes Geld! Heirate bloß nicht zu früh!« Und Mamas guter Rat verfing. Denn ihr Vorbild war häufig abschreckend: Eine Mutter, die abhängig ist, eher unzufrieden und zudem überfordert, weil sie für jede neue Feinstrumpfhose ihren Mann um Geld bitten muss, weil sie ihrem Berufsleben nachtrauert und alleine zu Hause sitzt, mit Spül- und Wäschebergen.

Warum aber hält sich das Gerücht bloß so hartnäckig, dass Kinder am besten nur von der Mutter betreut werden? Eins stimmt natürlich: Die Kinder selbst haben eine Tendenz, bei Mama sein zu wollen. Das ist ja auch gut und schön so. Mama soll ja die Beste bleiben, nur eben nicht die Einzige. Kinder haben auch ein Bedürfnis, am Tisch rumzumatschen, mit Joghurt, Marmelade, Nutella. Sie wollen gern immer und überall im Mittelpunkt stehen, tausend Dinge haben und zwar sofort. Sie wollen in den See, auf die Straße, an den Herd, die Kristallvasen. Sie wollen ihren Sandkastenfreunden den Bagger abnehmen, die Nachbarskatze am Schwanz ziehen und ihre kleinen Geschwister ärgern. Sie wollen den ganzen Tag Eis und Pommes essen. Aber wir lassen sie nicht. Wir erlauben es einem unersättlichen Kleinkind nicht, seine Eltern zu tyrannisieren, die Möbel zu demolieren oder sich selbst in Gefahr zu bringen. Wir unterdrücken seine Lust zu entdecken, zu genießen und Macht auszuüben. Entsprechend können wir einem Kind auch zumuten, zeitweise sein Verlangen nach Mama zurückzustellen. Kinder haben Bedürfnisse. Aber die sind nicht unbedingt immer wohl begründet. Und man kann, darf und muss nicht jedes Verlangen befriedigen – eben auch nicht das Bedürfnis, Mama ganz für sich allein zu haben.

Kinder sind Gewohnheitstiere. Mehr noch als ihre Eltern. Wenn ein Kind sich an den Zustand gewöhnt hat, dass die Mutter immer da ist, dass nur sie Pudding kochen, Bücher vorlesen und Wunden bepusten kann, dann wird es sich natürlich nicht von heute auf morgen damit abfinden, dass dieses allein zuständige Wesen plötzlich fehlt. Deshalb gibt es ja auch eine Eingewöhnungsphase in den Kindertagesstätten.

Die Trennungsangst setzt ein, wenn die Babys mobil werden, wenn sie rollen, robben und krabbeln. Dann beginnt auch die Fremdelphase. Das ist kein Zufall, die Evolution hat das sozusagen mit Bedacht so geregelt: Wenn der kleine Mensch gelernt hat, sich von der Stelle zu rühren, verspürt er gleichzeitig den Drang, sich nicht zu weit von der Mutter weg zu bewegen. In grauer Vorzeit war das gefährlich. Heute haben wir nicht mehr die großen Probleme mit wilden Tieren oder offenen Feuern. Aber immerhin gibt es noch Treppen und Herde. Die Fremdelphase ist jedenfalls geblieben. Bei dem einen Kind kommt sie früher, bei dem anderen später. Mal ist sie stärker, mal schwächer ausgeprägt. Kinder, die ganz klein in die Krippe gekommen sind, also vor dem ersten Fremdeln, die haben meist wenig Probleme und lernen schnell: Hier bin ich gut aufgehoben, auch ohne Mama. Wenn es normal ist, in der Krippe zu sein, dann ist es auch gut so. Das lernen Einjährige genauso, meist dauert es nur etwas länger.

Auch so eine Mär, die anscheinend ein Unwissender vom anderen abschreibt: Wenn man sein Kind in die Krippe oder in die Kita gibt, dann muss man jeden Morgen jeden einzelnen Finger seines peinvoll schreienden Lieblings gewaltsam vom Hosenbein entfernen, nur um sich irgendwann mit Ohrenklingeln und Herzbluten endgültig loszureißen. Eine Eingewöhnung kann dauern, das ist wahr. Aber wenn sie gelungen ist, ist es auch gut. Kinder sind nämlich enorm neugierig und anpassungsfähig. Mein Sohn hat, als er in die Kita gekommen ist, eine Woche gebraucht, um zu realisieren, was das bedeutet: Mama und Papa sind nicht dabei. Ganz am Anfang fand er es einfach nur klasse. Endlich auch in den Kindergarten gehen! Wie die Großen! Ich habe ihn oft genug strampelnd und wild protestierend aus dem Gruppenraum seiner älteren Schwester getragen, weil er am liebsten geblieben wäre. Deshalb sind wir überhaupt erst auf den Gedanken gekommen, ihn in eine Krippe zu geben. Ich hatte nämlich durchaus auch dieses diffuse Rabenmuttergefühl. Niemals hätte ich – als Mutteranfängerin – meine Tochter in so eine anonyme Anstalt gegeben, wo vielleicht alle gleichzeitig auf den Topf gesetzt werden und mein geliebtes Kind keine Chance auf einen Schoß zum Einkuscheln hat, wenn es sich den großen Zeh stößt. Deshalb ist unsere Tochter auch erst mit dreieinhalb Jahren in die Kita gekommen. Vorher ist sie von der Kinderfrau oder Oma und Opa betreut worden, wenn mein Mann und ich gleichzeitig arbeiten mussten.

Aber zurück zu unserem Sohn, dem Zweitgeborenen. Zuerst war er also einfach nur glücklich. In den ersten Tagen gab es einen freudestrahlenden Abschied – und dann nichts wie ab in den Gruppenraum. Danach kam der Rückfall. Bis zur Eingangstür ging alles gut, beim Ausziehen der Schuhe kamen ihm die Tränen. »Hause! Hause!« Natürlich tut das weh. Aber ich wusste am zweiten Tag schon: Sobald ich aus der Tür bin, ist es vorbei. Das Problem ist nur der Abschied selbst. Bald gab er nur noch ein kurzes »Rabäh!« von sich, gleich nach dem Abschiedskuss. Und auch das ist natürlich längst vorbei.

Herzallerliebst waren übrigens die anderen Kinder. Lara, gerade zwei, brachte ein Kühlkissen, als sie meinen Jungen weinen sah. Sie dachte, er hätte sich weh getan. Warum sonst sollte ein Kind hier Tränen vergießen? Jan, etwas jünger als mein Sohn, verabschiedete mich mit Küsschen, um ihm zu demonstrieren, dass die Mama jetzt aber wirklich gehen kann. Die halbe Gruppe hat sich zum Winken am Fenster versammelt, wenn wir kamen oder gingen.

Meine Tochter findet es zugegebenermaßen toller, wenn Mama oder Papa sie vom Kindergarten abholt, als wenn es die Kinderfrau tut. Und sie hat sich auch schon mal darüber beschwert, dass ich arbeite. Aber wenn wir dann darüber reden, ich ihr sage, dass mir meine Arbeit wichtig ist, so wie ihr der Kindergarten und dass ich damit Geld verdiene, für unseren Skiurlaub zum Beispiel, dann scheint sie es mit ihren fünf Jahren zu verstehen. Und sie belegt mich auch nicht mit Beschlag, wenn ich nach Hause komme. Ich werde zur Begrüßung bejubelt und beküsst. Aber fünf Minuten später ist meine Tochter mit hoher Wahrscheinlichkeit wieder mit ihrer Barbie beschäftigt oder auf dem Weg zu einem Nachbarskind. Die Kinder, die ich kenne, verbringen ihre Zeit am liebsten mit anderen Kindern, und ganz gewiss legen sie keinen Wert auf die Ganztagsgesellschaft von überakademisierten, karrierefrustrierten Enddreißigern.

Oft sind es mehr die Mütter als die Kinder, die keine Lust auf Krippe haben. Jede Mutter hält ihr Kind – zumal, wenn es nur eins ist – für etwas ganz Einzigartiges, also für ungeeignet, als Gleiches unter Gleichen unterzugehen. Dieses eine ganz außergewöhnliche Prinzen- oder Prinzessinnenwesen braucht selbstverständlich auch individuelle, höchstpersönliche Förderung und Fürsorge. Dahinter verbirgt sich eine typisch deutsche Untugend: alles besser wissen und können und auf keinen Fall aus der Hand geben wollen. Nicht dass irgendein Pädagogikstümper meinen Privat-Star gleichschaltet. Da kümmert sich der deutsche Kontrollfreak doch besser selbst um das Wohlergehen seines Kindes.

In Frankreich existiert das Schimpfwort »Rabenmutter« nicht, dafür aber die Bezeichnung »Mutterglucke« – wer als solche charakterisiert wird, darf das als Beleidigung auffassen. Denn wer sein Kind nicht loslassen will, das wissen unsere europäischen Nachbarn, schadet ihm. In französischen Arztpraxen wird sogar auf Plakaten davor gewarnt, Kinder im Elternbett schlafen zu lassen. Auf Spielzeugverpackungen sind nur Fotos von miteinander spielenden Kindern zu sehen – in Deutschland baut öfter mal die Mutter lächelnd mit.

Das pädagogisch wertvolle Kinderparadies!

Meine Tochter geht in eine integrative Kita für behinderte und nichtbehinderte Kinder. Was den unschätzbaren Vorteil hat, dass die Gruppen relativ klein sind. Entsprechend viel wird geboten. Es gibt ein kleines Schwimmbad und zwei winzige Pferde – Minishettis, angeschafft für die behinderten Kinder, bezahlt vom Förderverein und versorgt von freiwilligen Pferdemädchen. Meine Tochter schwimmt und reitet also regelmäßig, ohne dass wir dafür extra zahlen müssten. Sie hat einmal die Woche Verkehrserziehung. Zu jedem Geburtstag eines Kita-Kindes gibt es ein kleines Fest. Vor Weihnachten führen die Mädchen und Jungen ein kleines Bühnenstück auf. Jedes halbe Jahr setzt sich die Gruppe mit einem neuen Thema auseinander, zuletzt war es die Wüste. Die Kinder haben hierbei etwas über Kamele und Beduinen gelernt, Zelte gebaut und Fladenbrot gebacken.

Jetzt beschäftigen sie sich mit der Stadt Köln. Im Gruppenraum ragt ein übermannsgroßer Dom auf, selbstgebastelt natürlich, dahinter steht eine kleine Altstadt aus Kartons, bunt bemalt, inklusive weißer Fensterrahmen. Es gibt auch einen eigenhändig gebauten »dicken Pitter« (die berühmteste Glocke im Dom), einen Heinzelmännchenbrunnen und die Hohenzollernbrücke, aufgemalt mit Fingerfarben auf die komplette Fensterfront. Die Erzieherinnen haben sich eine Tanz-Performance auf die Musik von «Viva Colonia« ausgedacht, dazu gab es eine Vorlesestunde »op kölsch«.

Der alltägliche Rahmen in der Kita ist am Vormittag ein Stuhlkreis mit Liedern, mittags das gemeinsame Essen mit verteilten Aufgaben, nachmittags kommt dann eine Obstrunde, ein Teller mit frisch aufgeschnittenen Früchten wird am Tisch herumgereicht, dazu gibt es ein kleines Quiz. Die Kinder machen zudem Schreibvorübungen, trainieren beim Ausmalen die Linienführung, lernen auf Arbeitsblättern Farben, Formen und Eigenschaften zuzuordnen. Natürlich spielen die Kinder auch, sie haben ja Zeit genug. Und sie gehen raus, denn es gibt rund um die Einrichtung diverse Schaukeln, Rutschen und Kletterwelten, Laufrädchen und Doppelroller – und natürlich das Pony-Gehege samt Stall. Die Erzieher sind pädagogisch fit, engagiert und liebevoll. Das ist eine städtische Kita, hatte ich das schon gesagt?

Bei den Kindern unter drei ist das Programm nicht ganz so ehrgeizig. Da wird hauptsächlich gespielt, aber auch vorgelesen, gemeinsam gegessen und gesungen. Und nach dem Essen räumen die Kinder selbständig den Tisch ab, auch die Zweijährigen. Bislang hat sich noch niemand getraut, mir zu sagen, dass ich meine Kinder vernachlässige, weil ich sie zeitweise von Profis betreuen lasse, von Erziehern in der Kita und von einer Kinderfrau. Schade eigentlich, denn das ist ein Streitgespräch, dass ich gerne mal führen würde.

Und so sieht die Wirklichkeit aus: Knapp 30 Prozent der erwerbstätigen Mütter haben das Gefühl, von Menschen aus ihrer Umwelt gelegentlich als Rabenmutter angesehen zu werden, das sagen sie jedenfalls in Umfragen. Weniger als ein Drittel. Und sie haben auch nur »das Gefühl«, diese Mütter. Ein richtig schlimmes Problem scheint es also nicht zu sein, die vielen Menschen, die sich kopfschüttelnd und tadelnd vor den arbeitenden Müttern aufbauen. Ist es nicht eher selbst gemacht?

Als meine Tochter gerade frisch in der Kita war und ich meine erste Arbeitswoche in dieser neuen Ära antrat, da habe ich mir heftig den Kopf zerbrochen: Wie wird das sein? Die Kleine ist ab halb neun aus dem Haus, und ich komme erst nach Hause, wenn sie schon schläft. Was macht es mit der Seele meines Kindes, wenn wir uns nur morgens für zwei Stunden sehen? Es machte gar nichts. Papa war ja da. Das wiederum hat dann mir etwas ausgemacht. Aber auch nur in den ersten Tagen und nur für ein paar Minuten. Und falls ich noch mal ein drittes Kind bekommen sollte, ich würde es wohl mit einem halben Jahr in die Krippe geben.

Ich frage mich natürlich immer wieder: Bin ich eine gute Mutter? Sollte ich mich hier oder da mehr um meine Kinder kümmern? Darf ich diesen Job eigentlich annehmen oder sollte ich in dieser Zeit besser für die Familie da sein? Auch unsere Kinder sind nicht immer nur brav und fidel. Wenn eines von ihnen sich gerade mal unmöglich aufführt oder auch seltsam still wird, stelle ich mir selbstverständlich, geradezu reflexhaft, die schlimmste aller Mütterfragen: Was habe ich falsch gemacht?

Aber im Großen und Ganzen ist das nicht viel. Goldrichtig war sicher die Entscheidung, die Kinder in die Tagesstätte zu geben. Und ähnlich wichtig, für uns Eltern wie für die Kinder, ist die Nachbarschaft. Wir wohnen in unserem Haus zusammen mit einer Familie, die zu unseren Kindern »passende« hat, das Kinderzimmer hat sogar eine Verbindungstür. Die Mädchen und Jungen laufen einfach rüber, wenn sie zusammen spielen wollen. Dann sind da noch zwei andere Nachbarsfamilien. In einer lebt die beste Freundin meiner Tochter, in der anderen ihr »zukünftiger Ehemann«. Da ergibt es sich fast täglich, das einer das Kind des anderen zum Kindergarten mitnimmt oder abholt.

Sonntags essen wir meist zusammen. Wenn alle da sind, sind wir acht Erwachsene und sieben Kinder, demnächst acht. Das ist fast immer erstaunlich entspannt. Wenn die Kinder nicht gerade mit uns essen, dann rennen sie im Gemeinschaftsgarten herum oder spielen zusammen. Und wir Erwachsenen können tatsächlich miteinander reden, dabei stundenlang richtig nett speisen und für die Kinder da sein, wenn sie uns brauchen. Das Ganze spart nicht nur die Restaurantrechnung, sondern auch viermal einen Babysitter.

In unserer Familie leiden weder die Kinder darunter, dass ihre Eltern arbeiten, noch die Eltern unter ihrer Doppelbelastung. Es ist eher eine doppelte Lust. Und es hat zum Glück nichts gemeinsam mit den Erfahrungen einer Eva Herman: »Eine ständige Zerreißprobe, um Arbeit und Familie gleichermaßen gewissenhaft zu bewältigen, andauernder Zeitdruck, Fertigmahlzeiten, Überforderung, Ohnmachtgefühle.« Nicht die Spur.

Das Unmögliche möglich machen: Iris Radner und Matthias Winter

Iris Radner kann es selbst kaum glauben: Dass sie das hinbekommen hat! Ihr Leben ist kaum wiederzuerkennen. Vor drei Jahren war alles noch völlig anders und irgendwie aussichtslos: Sie und ihr Mann lebten in Wiesbaden. Er hatte einen Unternehmensberaterjob, der ihn fast auffraß. Manchmal kam er abends um elf nach Hause, manchmal gar nicht. In Iris' Firma war die Stimmung auf dem Nullpunkt, weil das Unternehmen gerade von einem neuen Investor übernommen worden war. Die beiden lebten im selbstgebauten Haus, Kinder gab es nicht, sie können keine bekommen.

Jetzt wohnen Iris Radner und ihr Mann Matthias Winter in der Nähe von Hamburg. Zur Miete. Beide haben einen neuen Job. Aber vor allem haben sie Lena, eine bildhübsche Tochter von zwei Jahren. Ganz die Mutter, sagen viele. Iris und Matthias schmunzeln dazu. Lena ist adoptiert. Und sie ist es auch, die das Leben ihrer Eltern auf den Kopf gestellt hat.

Iris und Matthias wünschten sich ein Kind, stellten einen Antrag auf Adoption, bewältigten Berge von Papieren, machten sich für das Jugendamt gläsern. Aber dann kam er doch überraschend, der Anruf am Freitag: Hier gibt es ein neugeborenes Mädchen, gestern zur Welt gekommen. Bis Montag sollten sich Iris und Matthias überlegen, ob sie die Kleine zu sich nehmen wollen. Sie wollten, und übers Wochenende wurde ihr Leben ein anderes. Es gab keine neun Monate, um sich an das Kind zu gewöhnen.

Iris war anfangs zu Hause bei Lena – und erst einmal überglücklich. Aber irgendwann wollte sie wieder in ihren Beruf einsteigen. Bei ihrer alten Firma waren die Aussichten eher schlecht. Der neue Investor baute Personal ab. Hinzu kam: In der Nähe gab es weder Großeltern noch eine Kindertagesstätte. Und auch Matthias' Job blieb weiterhin zeitraubend.

Die beiden machten einen Plan. Matthias sollte sich eine neue Stelle suchen, in Hamburg und Umgebung, dort leben seine Eltern. Zwei gute Angebote bekam er, eine der beiden Firmen hat einen Betriebskindergarten. Für diese entschieden sie sich. Matthias pendelte in der ersten Zeit zwischen Wiesbaden und Hamburg, währenddessen fing auch Iris an, sich einen neuen Arbeitsplatz zu suchen. In den Bewerbungsgesprächen sagte sie deutlich: »Ich habe ein kleines Kind, aber die Betreuung ist geregelt.« Das kam an. Iris fand die Stelle, die sie wollte, und zwar auch dort, wo sie den Job brauchte, in Hamburg. Die Familie zog um.

Iris kann ihr Glück immer noch nicht richtig fassen: Sie ist jetzt Produktmanagerin in einem Verlag. Matthias macht genau das, was er vorher als externer Berater getan hat, nur arbeitet er jetzt in einem Unternehmen: Ausgliederung von Produktionsbereichen, Verkäufe von Unternehmensteilen. Beide verdienen gut, haben sich für 1300 Euro Kaltmiete ein Reihenhaus mit Garten gemietet, in einer Neubausiedlung.

Die Nachbarn haben fast alle Kinder, die Häuser gruppieren sich um einen Spielplatz. Noch geht Lena zu einer Tagesmutter. Matthias bringt sie morgens hin, Iris holt sie abends ab. Bis zu zehn Stunden am Tag ist Lena »fremdbetreut«. »Ich habe bei der Tagesmutter-Planung eine Überstunde eingebaut«, sagt Iris Radner. Einen Tag in der Woche übernehmen Oma und Opa. In ein paar Wochen wird Lena in den Betriebskindergarten gehen, so lange müssen sie noch warten, bis der zugesagte Platz frei wird.

Iris hofft, dass ihr Modell dann endlich als normal angesehen wird und niemand mehr schief guckt, weil beide Eltern arbeiten und das Kind anderweitig betreut wird. Für die Eltern von Iris ist das immer selbstverständlich gewesen, denn die Familie lebte in der DDR. Sie selbst war mit drei Monaten in der Krippe, hat ihre Kindergärtnerin verehrt und war eher sauer, wenn die Eltern – beide Lehrer – sie mal früher abgeholt haben. Es war eine glückliche Kindheit. Aber weil es im Westen der Republik eben nicht üblich ist, die Kinder den ganzen Tag wegzugeben, hatte auch Iris zeitweise Hemmungen. »Wenn ich erzähle, dass Lena jeden Tag zehn Stunden bei der Tagesmutter ist, dann schlucken viele Leute und sagen: ›So lange ist die Kleine weg! Das würden wir unserem Kind nicht zumuten!‹ Aber was heißt denn zumuten? Lena geht es doch supergut. Sie ist einfach gern bei der Tagesmutter. Und sie spürt, dass wir das gut und richtig finden. Man muss auch akzeptieren, dass die Kinder ihre Tagesmütter oder Erzieherinnen liebhaben, nicht nur die Mutti.«

Es bleibt für Iris Radner aber noch genug Liebe übrig – und das genießt sie. »Mit Lena ist einfach alles im Leben schöner geworden. Gerade die alltäglichen Dinge. Einfach nur zusammen frühstücken, zum Beispiel. Und überall gibt es Wunder zu bestaunen: Blüten, Regenwürmer, einen Bach. Und man darf als Erwachsener endlich wieder spielen und muss sich nicht dafür schämen, wenn man in den Zoo geht.« Das haben Iris und Matthias schon immer mit Vorliebe gemacht. »Ein Kind zu adoptieren, das klappt nur, wenn man es wirklich will«, sagt Matthias. »Und wir wollten es, weil es da diese Ahnung gab, dass es schön wird. Aber *wie* schön es wird, das weiß man vorher nicht.«

Ein Kind, eine neue Stadt, ein neuer Job, neue Freunde. Es ist nicht das erste Mal, dass Iris Radner ihr Leben umgekrempelt hat. In der DDR absolvierte sie eine Schlosserlehre. Dann kam die Wende, sie lernte erst Bankkauffrau, noch im Osten, studierte dann Betriebswirtschaft, im Westen. Man spürt, im Leben dieser jungen Frau ist schon viel passiert. Matthias wirkt jungenhaft, weiß aber sehr genau, wie er es im Leben gerne hätte. »Es gibt ja auch Leute, die sind ein wenig lethargisch, die kommen nicht aus dem Knick. Etwas beweglich muss man schon sein. Es liegt nicht alles vor der Haustür.«

Fühlen die beiden, dass sie jetzt angekommen sind? Haben sie ihr Ziel erreicht? »Ja«, sagt Matthias. »Jetzt spüren wir Ruhe. Man muss auch nicht dauernd Häuser bauen und Kinder adoptieren. Aber es hat einfach vieles gut geklappt, unsere Hoffnungen haben sich erfüllt.« Iris ergänzt: »Das war schon kompliziert, das alles so hinzukriegen. Ich würde mir wünschen, dass man nicht sein ganzes Leben auf den Kopf stellen und umziehen muss, um Kind und Beruf unter einen Hut zu bekommen.«

Karriere ist Iris Radner weniger wichtig, jedenfalls nicht in dem Sinne, dass sie reich und mächtig werden möchte. Sie will einfach in ihrem Beruf arbeiten, Geld für die Familie verdienen, vorsorgen fürs Alter, das Risiko nicht eingehen, dass der »Ernährer« ausfällt, weil er arbeitslos wird oder krank. »Es ist doch ganz schön blauäugig, sich in unserer heutigen Zeit darauf zu verlassen, dass eine einzige Person die Familie finanziert und immer Arbeit hat.« Weiter erzählt sie: »Aber ich bin zu dem Schluss gelangt, dass es nicht eine Lösung für alle gibt. Eine Freundin von mir ist zeitgleich in Mutterschutz gegangen, und jetzt ist sie mit dem Kind zu Hause. Sie wollte das so, muss sich aber auch ständig dafür rechtfertigen, dass sie eine Vollzeitmutti ist. Das ist doch verrückt! Wie man es macht, ist es falsch!«

6 Kinder sind Luxus

Das ist ein echter Schocker: Jedes Kind kostet, bis es groß ist, einen Ferrari. Das haben Statistiker ausgerechnet. Die Botschaft ist klar: Kein normaler Mensch kann sich einen fabrikneuen, rot funkelnden Ferrari leisten, geschweige denn auch noch einen Zweitwagen, einen ganzen Luxus-Fuhrpark. Wer drei Kinder aufgezogen hat, der hat dann dafür insgesamt eine halbe Million Euro ausgegeben! »Wer hat schon so viel Geld?«, fragt man sich da.

Es wird wohl so sein, dass man mit allen monatlichen Ausgaben über die Jahre und Jahrzehnte auf diese Supersummen kommt. Aber wem hilft so eine Rechnung? Mit Lebenswirklichkeit hat das nichts zu tun. Die Außenwirkung von solchen absurd aufgetürmten Kinderkosten ist aber fatal. Da steht dann am Ende die Erkenntnis: Kinder sind der totale Luxus, für Normalverdiener einfach nicht drin. Klar, dass es dann in der Folge in Umfragen heißt: »Kinder kann ich mir nicht leisten!« Oder etwas ehrlicher: »Da muss ich ja verzichten!« Dabei stimmt die Ferrari-Rechnung noch nicht mal. Wenn man von den Ausgaben für Kinder das abzieht, was Familien vom Staat bekommen, dann landet man wohl eher in der VW Golf-Klasse.

Was Spaß macht, kostet Geld. Das gilt auch für die Familie. Und wer Geld hat, der gibt es gerne für seine Kinder aus. Auch wenn viele es tun, man *muss* keinen

Ferrari berappen, um ein Kind großzuziehen. Kein Kind braucht einen neuen Markenkinderwagen im gerade aktuellen Design. Man muss auch keine komplette Lego-Spielwelt im Laden kaufen oder sein Kind auf die Privatschule schicken. Natürlich kosten Kinder Geld, aber wie viel, das entscheiden die Eltern weitgehend selbst. Laut Statistischem Bundesamt geben sie zwischen 325 und 870 Euro im Monat für ihre Kinder aus. Das ist eine große Spannbreite.

Arme Familien?

»Kinder machen arm« – das ist auch so ein Satz, der als gesicherte Erkenntnis gilt. Als ob jede Frau, die niederkommt, in Altkleidern aus der Klinik schlurft und sich fortan die Lieblingspizza vom Munde abspart. Natürlich machen Kinder *nicht* arm. Den Job aufgeben oder verlieren, das macht arm.

Es soll nicht verschwiegen werden: Es sind immer mehr Kinder, die in der Sozialhilfe landen beziehungsweise bei Hartz IV. Das Risiko, von der Stütze leben zu müssen, ist für Kinder doppelt so hoch wie für Erwachsene. Die allermeisten dieser Kinder leben aber bei Alleinerziehenden. Besonders betroffen sind auch Familien mit »Migrationshintergrund«, also Eltern, die aus dem Ausland stammen und häufig große Familien haben.

Schlimm genug, dass es in einem reichen Land überhaupt nennenswert Kinder gibt, deren Eltern mit verhältnismäßig wenig Geld auskommen müssen. Denn darum geht es, um die Verhältnismäßigkeit. Als arm gilt in Deutschland, wer weniger als die Hälfte vom Durchschnittseinkommen hat: In absoluten Zahlen sind das sind pro Nase rund 725 Euro.

Wer ist nun davon betroffen? Das Deutsche Institut für Wirtschaftsforschung (DIW) hat untersucht, welche Familien tendenziell arm sind, und dazu das Einkommen gewichtet, also durch die Zahl der Familienmitglieder geteilt. Das Ergebnis: Der ganz normalen Zwei-Kind-Familie geht es eher gut. Ihr Armutsrisiko liegt ungefähr so hoch wie das von Singles, bei 12 Prozent. Unter den Familien mit drei und mehr Kindern gelten dann aber schon 29 Prozent als arm. Richtig eng wird es für Alleinerziehende ab zwei Kindern, hier sind 58 Prozent der Haushalte arm, das ist der absolute Spitzenwert. Also: Wenn eine Familie arm ist, dann meist deshalb, weil die Mutter nicht oder fast nicht arbeitet. Weil sie alleinerziehend ist und/oder Hausfrau. Die Alleinverdienerehe ist eben ein durchaus riskantes Modell. Außer einem Beamten kann sich fast kein Vater mehr sicher sein, dass er seinen Job behält, dass es immer weiter und zuverlässig aufwärts geht mit dem Einkommen. Fazit: Arme Kinder gibt es also vor allem in ganz bestimmten Konstellationen, sie sind und bleiben die Ausnahme und nicht die Regel.

Tatsächlich können sich die meisten Eltern mit mehreren Kindern die vielen Esser auch leisten. Denn je mehr Mitglieder eine Familie hat, desto höher ist ihr Einkommen. Zahlen vom Statistischen Bundesamt belegen das: Das durchschnittliche Nettoeinkommen von Paaren mit einem Kind lag zuletzt bei 3465 Euro. Paaren mit zwei Kindern stehen rund 4064 Euro zur Verfügung, bei drei Kindern sind es 4465 Euro. Wer keine Kinder hat, muss mit einem durchschnittlichen Nettoeinkommen von »nur« 3210 Euro zurechtkommen.

Wie denn nun das!? Wo wir doch nach jahrelanger Zeitungslektüre verinnerlicht haben, dass Familien – erst recht mit drei Kindern – scheinbar am Existenzminimum herumkrebsen? Die Wirklichkeit ist eben eine andere. Zum einen stocken Kinder ja das Nettoeinkommen auf. Es gibt Kindergeld, steuerliche Freibeträge und alle möglichen anderen Zulagen, vor allem im Öffentlichen Dienst. Dann haben die Statistiker Einnahmen aus Vermögen dazugerechnet, zum Beispiel auch die ersparte Miete, wenn man im eigenen Haus lebt, und das tun eben vor allem Familien. Eingerechnet sind auch regelmäßige Finanzspritzen etwa von den Großeltern. Mit alldem kommen Eltern also auf höhere Nettoeinkommen.

Die andere Erklärung dafür, dass es diesen positiven Zusammenhang zwischen der Zahl der Kinder und dem Einkommen gibt: Offenbar sind gesicherte finanzielle Verhältnisse die Voraussetzung fürs Kinderkriegen. Vor allem Paare mit anständigen Gehältern entscheiden sich für Familie – und erst recht für eine große Familie. Es ist ein Vorurteil, dass die meisten kinderreichen Familien von Sozialhilfe oder Hartz IV leben, während die gutsituierten Eltern lieber weniger Kinder bestmöglich großkriegen wollen.

Tatsache ist aber, dass Großfamilien ein Imageproblem haben: Die meisten Menschen schlagen die Hände über dem Kopf zusammen, wenn sie hören, dass jemand ein drittes oder sogar viertes Kind erwartet. Die vielen Geburten! Der Stress! Das Geld! Warum bitte tut man sich das an? Großfamilien gelten als arm, ungebildet und überfordert. Aber so ist es nicht. Die weitaus meisten Eltern, die drei Kinder haben, können und wollen sich diese Kinder leisten. Weil sie es großartig finden, mit Kindern zu leben und davon nicht genug bekommen können. Es gibt inzwischen erfolgreiche und gebildete Paare in nennenswerter Zahl, die ganz bewusst in Kinderschuhe und Musikschule investieren. Komisch ist nur, dass das kaum anerkannt wird. Familien mit mehreren Kindern in Deutschland haben kein höheres Sozialprestige als kinderlose Paare mit Ferraris aus Blech.

In den USA ist das anders. Eine große Familie gilt dort als zuverlässiger Indikator für Reichtum, Optimismus und Selbstvertrauen. Journalisten haben das dritte Kind zum Statussymbol des ersten Jahrzehnts im neuen Jahrtausend erklärt, das einem »auf der Park Avenue mehr Respekt verschafft als eine Flotte blitzender Bentleys«. Wer ein drittes Kind bekomme, schreie nämlich in alle Welt hinaus: »Meine Wohnung ist gigantisch, mein Auto geräumig, mein Kapital unerschöpflich.«

So weit sind wir in Deutschland längst nicht. Aber wir sollten uns auch nicht von besonders lauten und besonders sozialen Verbänden einreden lassen, Familien seien alle irgendwie am Verhungern. Denn das ist nicht wahr und wirkt entsetzlich abschreckend auf alle, die vielleicht gerne Familie hätten.

Ein Kind kostet nicht die Welt

Man kann sich auch fragen: Was heißt denn arm? Nehmen wir folgendes Phänomen: Eltern, die sich mit Hartz IV irgendwie eingerichtet haben, den ganzen Tag auf dem Sofa hocken und ein Kind nach dem anderen bekommen, schon weil es ja auch für jeden neuen Sprössling Extrageld gibt. Diese Kinder gelten zu Recht als arm. Aber vor allem sind sie arm dran, weil solche Eltern dazu neigen, die Kinder sich selbst zu überlassen. Das ist das wirkliche Problem für diese Kinder, nicht so sehr das fehlende Geld.

Sicher ist es kein Spaß, als arbeitslose und alleinerziehende Mutter zwei Kinder durchzubringen. Einfach weil es endlos traurig sein muss, den Kindern ständig irgendwas abzuschlagen: kein Gameboy, kein Geigenunterricht, kein eigener Gemüsegarten. Andererseits: gut ernähren und vernünftig kleiden, das ist immer drin. McDonald's ist teuer, aber selbstgemachte Pizza nicht. Und es gibt ja auch öffentliche Parks und Spielplätze, die sind gratis. Die Kindergartenbeiträge sind nach Einkommen gestaffelt, wer fast nichts hat, der zahlt auch nichts.

Freunde von uns haben ihr erstes Kind nahezu ohne Familieneinkommen gekriegt, gleich nach dem Ende des Studiums und mit voller Absicht. Die beiden hatten weniger als durchschnittliche Hartz-IV-Empfänger, weil sie von einem kleinen Erbe lebten. Sie mussten beide in ihren Job erst richtig reinkommen und haben sich die Kinderbetreuung geteilt. Ihrer Tochter hat es ganz sicher nie an irgendetwas gefehlt. Sie haben in einer bezahlbaren Wohnung mit Gemeinschaftsgarten gelebt, mit Gemüse und Nudeln von ALDI sehr lecker und gut gekocht, ihr Kind mit gebrauchten Klamotten prima angezogen, es in einem geerbten Kinderwagen spazieren gefahren, ihm aus geliehenen Büchern vorgelesen und es in ein geschenktes Bett zum Schlafen gelegt. Und mehr ist ja in den ersten Jahren gar nicht nötig.

Meine Tochter freut sich, wenn sie die Kleidchen von ihrer geliebten Cousine erbt, und bekommt zu Weihnachten auch weitergereichte Bauteile für die Holzeisenbahn geschenkt. Und unser Sohn wird nicht gefragt, ob ihm das

T-Shirt aus der Kiste mit den abgelegten Kleidern seiner Schwester zu mädchenmäßig ist. Die zweiten und dritten Kinder sind ja sowieso billiger, weil eben schon vieles da ist: vom Wickeltisch über winzige Strampler bis hin zum Anfängerfahrrad.

Was braucht denn ein Kind wirklich? Natürlich können die Klamotten ins Geld gehen. Es macht Spaß, mit dicker Brieftasche in eine Boutique zu gehen und mit rosa Rüschenstramplern wieder raus. Aber man kann auch eine gebrauchte Erstausstattung im Internet ersteigern, auf Flohmärkten einkaufen oder im Schlussverkauf bei H&M. Der Konsumzwang, der Druck, seine Schulkinder mit Markenartikeln »hochzurüsten«, das macht es teuer. Oder eben schnell mal Fastfood zu bestellen, statt zusammen zu kochen. Oder einen Computer zu kaufen, statt mit den Kindern rauszugehen. Ein teures Mountainbike aus dem In-Geschäft zu erstehen statt eines alten Rades, das man gemeinsam aufmöbelt. Nicht die Kinder kosten Geld, sondern die Ansprüche. Und wenn wir ehrlich sind: Kleine Kinder sparen Geld ein, einfach deshalb, weil Eltern seltener dazu kommen, welches auszugeben, beispielsweise abends im Restaurant, am Wochenende im Kino, beim Shopping in der Stadt oder im Tauchurlaub in Ägypten. Zelten in Holland ist nicht nur kindertauglicher, sondern auch billiger.

Bevölkerungsforscher haben festgestellt: Kinderlosigkeit kommt zum einen in der »unteren Mitte« vor, da, wo Paare auf einen schönen Urlaub oder ein neues Auto verzichten müssten, um sich Kinder leisten zu können. Vor allem aber greift die Kinderlosigkeit im sogenannten hochqualifizierten Karrieremilieu um sich, damit sind Ärztinnen, Managerinnen und Professorinnen gemeint.

Gerade Frauen in den besten Jobs und den höchsten Positionen haben die wenigsten Kinder. Für Karrierefrauen kann das Geld kein Grund sein, kinderlos zu bleiben. Eher schon die Karriere. Frauen verzichten offenbar leichteren Herzens auf den Job als Kassiererin im Supermarkt als auf eine Professur. Das ist nachvollziehbar. Ich persönlich habe auch nicht jahrelang gelernt und mich nach der Decke gestreckt, um dann zu sagen: »Danke, das war's.«

Das Problem ist eben, das die meisten Deutschen noch immer davon überzeugt sind, dass Kind und Karriere nicht zusammengehen. Und dann verzichten sie im Zweifel auf Kinder. Sie entscheiden sich so, weil sie glauben, nicht genug Zeit zu haben für eigene Kinder, nicht etwa aus Geldmangel. Denn wer arbeitet, kann sich auch Familie leisten. Kinder sind kein unbezahlbarer Luxus und ganz sicher kein schlechtes Geschäft.

Allgemeingut oder Privatsache?

Kinder kosten nicht nur, sie bringen auch Geld. Jedes Jahr gibt der Staat 100 Milliarden Euro für unseren Nachwuchs aus, und es ist stetig mehr geworden. Und trotzdem hat erstaunlicherweise die »gefühlte Fürsorge« des Staates abgenommen, wurden in jedem der letzten Jahre weniger Kinder geboren. Obwohl in Deutschland mehr Geld für Familien ausgegeben wird als in den meisten anderen Ländern, halten wir uns für familienfeindlich! Ständig liest man in der Zeitung und hört es von sogenannten Experten, was der Staat alles *nicht* für unsere Kinder tut. Familienlobbyisten beklagen die »strukturelle Familienfeindlichkeit« im Steuer- und Sozialsystem und prangern die »Transferausbeutung von Familien« an. Sie meinen es sicher gut, sie wollen eben bei der Politik mehr rausschlagen, da muss man natürlich ein bisschen jammern. Darüber, dass unsere Kinder die Renten der anderen bezahlen sollen, während Eltern eher mal Lücken bei den Versicherungsjahren haben, weil sie zwischenzeitlich im Beruf aussetzen. Oder darüber, dass man fürs Kinderaufziehen Steuern zu zahlen hat, weil ja jedes Babygläschen und jedes Schulbuch aus versteuertem Einkommen bezahlt wird. Das mag ja alles sein. Aber je lauter man die Kinderfeindlichkeit beschreit, die irgendwo in den Steuer- und Sozialsystemen steckt, desto mehr Menschen glauben es und lassen sich vom Kinderkriegen abschrecken. Nach dem Motto: »Ich bin doch nicht blöd.«

Wenn man ein Kind als eine Art Allgemeineigentum betrachtet, als etwas, das einer herstellt und dann alle nutzen können, dann kann man sich zu Recht darüber aufregen, dass auf Windeln Mehrwertsteuer erhoben wird und Kinderkosten in der Steuererklärung nicht zu 100 Prozent abgezogen werden. Aber es ist ja doch ein bisschen anders, oder? Wir kriegen die Kinder ja für uns und nicht für alle anderen. Und wenn man es so sieht, dass Kinder ein Plus für den privaten Spaßfaktor sind, individuelle Glücksbringer, dann kann man sich doch darüber freuen, dass der Staat dieses Hobby großzügig unterstützt. Einfach, weil es ihm gut in den Kram passt, wenn wir uns diese Freude gönnen. Wir kriegen die Kinder nicht für Deutschland. Aber Deutschland braucht unsere Kinder und tut deshalb auch etwas dafür, dass sie geboren und gut groß werden.

Das Ergebnis der staatlichen Kinderliebe sieht auf der Gehaltsabrechnung folgendermaßen aus: Die Steuerbelastung eines verheirateten Durchschnittsverdieners mit zwei Kindern liegt – wenn man Steuerabzüge und Kindergeld einrechnet – bei minus 1,5 Prozent. Ist also keine *Be-*, sondern eine *Ent*lastung, jedenfalls ohne die Sozialabgaben. Damit ist Deutschland sogar international Spitze. In keinem anderen Land ist der Unterschied zwischen Singles und Familien bei der Steuerbelastung so groß wie hierzulande.

Der Staat lässt sich seine Familien was kosten. Diese freundliche Unterstützung in Form von eben jenen 100 Milliarden Euro ist nur ein bisschen unübersichtlich, da die Familienförderung, wie sie von Bund, Ländern und Kommunen betrieben wird, in genau 145 Gesetzen nachgelesen werden müsste. Nehmen wir uns nur mal die großen Posten vor: Das meiste Geld, ein gutes Drittel (36 Milliarden Euro), geht direkt an die Eltern in Form von Kindergeld und steuerlichen Freibeträgen. Dann kommt die beitragsfreie Mitversicherung von Kindern in der Krankenversicherung mit Kosten von 13 Milliarden Euro. Denn Eltern, die gesetzlich versichert sind, müssen für ihre Kinder ja nichts zahlen. Das ist eine klassische Subvention. Und weil man bei der Rente Kindererziehungszeiten geltend machen kann, wenn man beispielsweise drei Jahre im Job aussetzt, um für die Kinder da zu sein, zahlt der Staat sozusagen die Beiträge: Insgesamt mehr als 11 Milliarden Euro. Für die Betreuung von Kindern in Krippen, Kindergärten und Ganztagsschulen sind 10 Milliarden Euro veranschlagt, das neue Elterngeld verursacht Kosten von um die 4 Milliarden. Für die Familienzuschläge im Öffentlichen Dienst gibt der Staat als Arbeitgeber insgesamt 3,6 Milliarden Euro im Jahr aus. Übrig bleiben die kleinen Beträge, etwa Unterhaltsvorschüsse – sollte der leibliche

Vater nicht für sein Kind zahlen können, springt der Staat ein.

Damit nicht genug: Zu diesen 100 Milliarden Euro kommen noch weitere 45 Milliarden Euro für die Schulen und 2,5 Milliarden für die Ausbildungsbeihilfen (Bafög), die Studenten und Azubis erhalten, wenn die Eltern zu wenig Einkommen haben, hinzu. Noch nicht eingerechnet sind bei diesen Summen zum Beispiel Preissubventionen bei der Bahn (Kinder unter fünfzehn Jahren fahren kostenlos mit) oder das Ehegattensplitting. In 90 Prozent der Ehen, die davon profitieren – wo es also einen Hauptverdiener gibt und einen Wenig- oder Nullverdiener –, leben ja Kinder. Beim Ehegattensplitting sparen Familien, die nach dem Hausfrauenmodell leben, viel Geld, weil das Einkommen des Ernährers durch zwei geteilt wird – und auf zwei kleine Einkommen fallen viel weniger Steuern an als auf ein großes. Davon profitieren theoretisch natürlich auch kinderlose Hausfrauen, aber die sind ja tatsächlich selten.

Fest steht: Bei der Kindersubventionierung sind wir einsame Klasse. Allein das Kindergeld ist in den letzten acht Jahren dreimal erhöht worden. Die neueste Errungenschaft ist das Elterngeld. Wer als Mutter oder Vater ein Jahr bei seinem Kind bleibt, statt zu arbeiten, erhält 67 Prozent des letzten Nettoeinkommens. Höchstens werden 1800 Euro im Monat gezahlt. Wenn der andere Elternteil auch noch zwei Monate aussetzt, dann sogar vierzehn Monate lang. Für alle, die kein Einkommen haben, weil sie beispielsweise schon ein kleines Kind zu Hause betreuen oder arbeitslos sind, gibt es 300 Euro, die nicht mit anderen Sozialleistungen verrechnet werden.

Bei einem Facharbeiter-Ehepaar sieht das dann so aus: Angenommen, beide verdienen 2300 Euro brutto, dann stehen ihnen nach allen Abzügen 2900 Euro netto zur Verfügung. Nun erwarten sie ein Kind. Nach der Geburt entscheidet die Mutter, zu Hause zu bleiben, sie erhält 970 Euro Elterngeld. Zusammen mit dem Kindergeld und dem, was der Vater verdient, summiert sich das Familieneinkommen auf 2850 Euro, das sind also insgesamt nur 50 Euro weniger als vorher. Nehmen wir ein Akademikerpaar: Der Mann arbeitet, die Frau ist zu Hause und betreut schon ein Kind. Vor der Geburt des zweiten Kindes hatte die Familie 2480 Euro zur Verfügung. Nachher sind es mit 300 Euro Elterngeld und dem Kindergeld fürs zweite Kind 2950 Euro im Monat. Das sind 470 Euro mehr als vorher. Ist doch gar nicht so schlecht.

Wer in Deutschland ein Kind bekommt, der wird erleben, dass der Staat diese höchstpersönliche Entscheidung großzügig unterstützt, mit familienfreundlichen Gesetzen und mit Geld. Und wenn immer wieder ein anderer Eindruck entsteht, dann liegt das daran, dass wir das Glas eher halbleer als halbvoll sehen wollen. Die Deutschen sind ganz groß darin, Missstände in der Gesellschaft und bei der Politik zu beklagen. Wir sollten gelegentlich versuchen, zu sehen, dass tatsächlich vieles sehr gut geregelt ist.

 Von ganzem Herzen alleinerziehend: Petra Reichling

Es war alles perfekt: Das Haus in Mönchengladbach fertig renoviert, oben die zwei Kinderzimmer, unten das Körbchen für den Familienhund. Drei Jahre nach der Hochzeit wurde Thomas geboren. Wunschgemäß.

Genauso hatte Petra Reichling sich das immer vorgestellt, vier Kinder sollten es insgesamt einmal werden. Mit dreißig war sie in ihrem Traum angekommen. Und ist gleich wieder aufgewacht.

Sie und ihr Mann arbeiteten viel, beide bei der Polizei, im Schichtdienst. In der freien Zeit werkelten sie am Haus herum. Aber als das Kind da war und Petra zu Hause, da merkte sie, dass gar nichts perfekt lief, vor allem nicht ihre Ehe. Als Thomas neun Monate alt war, zog sie aus. Jetzt – sechs Jahre später – sagt Petra Reichling, ist sie wirklich angekommen. Da, wo sie immer hin wollte. Die alte Ruhelosigkeit, das Immer-irgendwie-unzufrieden-Sein ist endlich vorbei.

Sie ist jetzt alleinerziehende Mutter eines siebenjährigen Jungen mit einer Einundvierzig-Stunden-Woche als Kriminalkommissarin, zuständig für Sexualdelikte und Verbrechen an Kindern. Sie vernimmt Vergewaltiger, ermittelt gegen Väter, die ihre Töchter missbraucht haben, spricht mit verwahrlosten Kindern. »Mein Job ist spannend, täglich setze ich mich mit Grenzbereichen der Sexualität, der Menschlichkeit auseinander.« Petra streicht ihrem Sohn über die Haare, ein hübscher Kerl mit wachen Augen hinter der Brille. Groß ist er für sein Alter, seine Haare sind etwas dunkler als die der Mutter. Petra Reichling ist blond, nicht gertenschlank, aber sportlich. Ausgesprochen entspannt sitzt sie auf dem Sofa, die Beine untergeschlagen. Sehr klar ist sie, sehr sicher in dem, was sie sagt. Nur wie viel sie ihrem Sohn über ihre Arbeit erzählen kann, das weiß sie manchmal nicht so genau. »Heute habe ich mit einer Frau gesprochen, die von einem Mann geschlagen wurde.

Sie war sehr traurig und ich musste sie trösten.« Pause. »Es gibt Leute, die finden es toll, wenn andere Angst vor ihnen haben. Kannst du dir das vorstellen?« Petra spricht direkt ihren Sohn an, er antwortet auch sofort: »Klar! Alex ist so einer, die ganze Schule hat Furcht vor dem. Ich nicht, ich bin ja sein Freund.« Wieder gibt es Streicheleinheiten für Thomas' dunkelblonden Wirbel über der Stirn.

Mutter und Sohn leben in einer Sechzig-Quadratmeter-Wohnung in Hilden, einer kleinen Stadt zwischen Düsseldorf und Wuppertal. Gleich gegenüber leben Petras Schwester und ihr Sohn, hier wohnen auch die Großeltern. Nicht weit entfernt geht Thomas in die OGATA, in die Offene Ganztagsschule. Petra bringt Thomas jeden Morgen um acht dorthin. Die Kinder haben vier Stunden Unterricht plus Sport jeden Tag. Dann werden Hausaufgaben gemacht, es gibt ein Mittagessen, am Nachmittag die AGs, die Arbeitsgemeinschaften. Thomas hat sich Literatur, Malen und Backen ausgesucht. Am Montag lesen die OGATA-Kinder, dienstags pinseln sie an Kulissenbildern für ein Theaterstück und an diesem Mittwoch haben sie Affen-Muffins gebacken, mit Bananenfüllung, Esspapiergesicht und Schokoaugen.

Um vier holt Petra Reichling ihren Sohn ab. Donnerstags und freitags können die Kinder früher aus der Schule genommen werden, dann kommen entweder Thomas' Vater, die Tante, Opa, Oma oder der Onkel, um ihn abzuholen. Aber meistens Papa. Und das findet Thomas auch am allerbesten.

Er kann sich nicht an die Zeit erinnern, als Vater und

Mutter zusammengelebt haben, aber der Papa war immer für ihn da. Auch in den schwierigsten Zeiten, nach der Trennung, hat Petra dafür gesorgt, dass die beiden sich sehen. »Wir haben uns im Streit getrennt, also ganz und gar nicht einvernehmlich.« Sie lacht. »Ich dachte anfangs, ich sterbe, wenn ich diesen Mann in meine Wohnung lasse. Aber irgendwie ging es.«

Inzwischen hat Thomas' Vater sogar einen eigenen Schlüssel. Er lebt noch immer in dem alten gemeinsamen Haus, mit dem alten gemeinsamen Hund, hat inzwischen aber eine neue Partnerin. Ein Wochenende im Monat und etwa einen Nachmittag in der Woche verbringt der Junge bei seinem Vater.

Petra fragt ihren Sohn: »Ist das okay so, wie es bei uns läuft?« Der Daumen geht hoch, Thomas grinst. »Klar«, sagt Petra, »das heißt ja auch zweimal Sommerurlaub, zweimal Weihnachten, zweimal Ostern, bei Mama *und* bei Papa.« Das Grinsen wird breiter. Wenn Thomas bei seinem Vater ist – oder bei der Tante oder Oma –, dann heißt das für Petra Reichling, dass sie länger arbeiten, noch eine Vernehmung am Abend einplanen kann. Oder sie kann auch am Wochenende Dienst schieben. Für sie ist das eine Art Ausgleich, weil sie nicht bei den Mordkommissionen dabei sein kann. In der MoKo müssen die Kollegen immer mal wieder Nächte durcharbeiten, das kann Petra natürlich nicht, wegen Thomas.

In ihrer gemeinsamen Zeit haben Mutter und Sohn eigentlich nur ein Thema: Tiere, aber bitte exotisch. »Natti« und »Klettermax« sind der lebendige Beweis dafür. Die beiden Strumpfbandnattern fühlen sich im

Wohnzimmer wohl, beziehungsweise im Terrarium, das Thomas selbst gestaltet hat, eine Art Wüste, mit Sand, grober Rinde, Steinen, einem Kaktus. »Thomas hätte gern noch mein Schlafzimmer oder wenigstens den Balkon für ein paar Frettchen. Und Skorpione natürlich.« – »Aber am allerliebsten Krokodile!«, wirft Thomas ein. Und die grüne Mamba auf seinem T-Shirt scheint begeistert zu zischeln. Er ist ein Reptilienfan. Und es ist klar, von wem er das hat.

Petra hatte mit einem Biologiestudium angefangen. Aber ihr wurde klar: Artenschutz oder intensive Forschung lässt sich mit einer Familie nicht gut vereinbaren. Und Petra wollte ja einen Mann, ein Haus, einen Hund und vier Kinder. Im Bus sah sie das Werbeschild: Die Polizei suchte Azubis. Sie bewarb sich und wurde sofort genommen. Erst arbeitete sie auf der Wache, im Streifendienst, anschließend in einer Einsatzhundertschaft. Bei einem Großeinsatz lernte sie ihren späteren Mann kennen, den Vater von Thomas.

Mit zwei ist ihr Sohn in den Kindergarten gekommen. Petra hatte sich schon vorher nach einem Platz für ihn umgeschaut, aber die städtische Kita ganz in der Nähe kam nicht in Frage: zu kleine, dunkle Räume. In Düsseldorf fand sie dann das Richtige, einen privaten Kindergarten, Öffnungszeiten von 7 bis 17 Uhr. Für fünfzehn Kinder gab es zwei Erzieher, eine Kinderpflegerin und meistens auch noch zwei Praktikanten oder Zivis. 112 Euro hat das im Monat gekostet. »Als Thomas in dem Kindergarten war, da blühten wir beide total auf. Das war das Beste, was uns passieren konnte. Zu Hause konnte ich ihm einfach nicht mehr genug bieten. Die

Erzieher haben mit den Kindern tolle Ausflüge und Projekte gemacht, Schmetterlinge gezüchtet zum Beispiel.« Das war natürlich was für Thomas, den Tierfreund.

An den gemeinsamen Wochenenden sind Petra und Thomas unterwegs. In Köln, Wuppertal, Krefeld, Duisburg, Gelsenkirchen, überall dort, wo es Tierparks gibt. Am besten mit Reptilien. Und abends gucken sie sich dann zusammen einen Film an. Über Dinosaurier. Die einfachsten Dinge nimmt Petra als wunderschön wahr. »Wenn wir durch die Stadt schlendern, nur wir zwei, diese kleine Hand in meiner, das fühlt sich einfach superklasse an.«

7 Ich hab doch noch nicht mal 'nen Mann

Die meisten Kinderlosen sind zugleich Singles. Es gibt also nicht nur immer weniger Kinder, sondern auch immer weniger Paare. So weit, so traurig. Denn die allermeisten Singles wären eben doch gerne zu zweit. Erstaunlich und auch bezeichnend für unsere Zeit: Es laufen lauter unglückliche Alleinlebende herum und gleichzeitig boomen alle erdenklichen Kennenlerngelegenheiten. Nie war es so einfach, jemanden zu finden, sei es nur zum Doppelkopfspielen oder um sogar zusammen alt zu werden. Man muss noch nicht einmal mühsam einen ansprechenden Anzeigentext für die Zeitung formulieren, sich bei irgendwelchen Fisch-sucht-Fahrrad-Partys als bedürftig entblößen, geschweige denn für viel Geld einen Vertrag bei einem Eheanbahnungsinstitut unterschreiben. Im Internet gibt es alle möglichen Webseiten, die sich um Partnervermittlung kümmern. Im Angebot sind Männer und Frauen, in jedem Alter und Postleitzahlenbereich, Raucher oder Nichtraucher, mit und ohne Kinderwunsch. So fieberhaft auch gesucht wird, anscheinend ist es schwer, das Passende zu finden. Kann das daran liegen, dass viele zu anspruchsvoll sind, zu kompromisslos, zu sehr mit sich selbst beschäftigt?

Wenn eine Frau grundsätzlich Kinder will, aber mit über fünfunddreißig noch nicht den richtigen Mann gefunden hat, dann wird es für sie langsam eng mit der Familienplanung. »Mr. Right« braucht natürlich auch eine

Chance, einen wahren Traummann gibt die Wirklichkeit nicht immer her. Gerade Akademikerinnen sind da eher wählerisch. Sie wollen nicht irgendein Kind, sondern eins von einem männlichen Musterexemplar: Der Ehemann und Vater soll häuslich sein und karrierebewusst, herzlich und schlau, ein Socializer mit Waschbrettbauch. Am besten aus erster Hand, also lieber nicht geschieden oder sogar unterhaltspflichtig. Von der Sorte eierlegende Wollmilchsau, also Männer, die alle erdenklichen Anforderungen erfüllen, laufen aber nicht sehr viele herum. Und wenn ein solches Exemplar nicht zur Verfügung steht, dann unterdrückt die Akademikerin ihren Kinderwunsch. Dabei lohnt es sich, möglicherweise kleinere Zugeständnisse zu machen, bevor beim Warten auf den Märchenprinzenvater die berühmte biologische Uhr austickt. Denn wenn eine Frau erst mit Mitte 40 den potentiellen Vater mit der optimalen Erbmasse trifft, dann nützt er nicht mehr viel, jedenfalls nicht für die Fortpflanzung.

Wenn es nicht die überzogenen Ansprüche sind, dann ist es die Angst, die uns allein bleiben lässt. Vor Nähe. Vor Entlarvung. Vor dem Verlassenwerden. Dass uns jemand in- und auswendig kennt, mit allen schwarzen Abgründen und weißen Flecken. Wir wollen keine Blöße zeigen, nicht den vorteilhaften Rollkragenpulli, die polsterkaschierende Hüfthose, den Push-up-BH und den Poformer-Slip ausziehen. Er könnte mit den Schultern zucken, sich umdrehen und gehen. Das wäre bitter. Und so was haben wir ja auch alle schon erlebt. Und wenn es nicht genauso war, dann hat es sich wenigstens danach angefühlt. Aber auch der treuloseste Exfreund sollte kein Grund sein, es mit dem Lebensglück nicht mehr zu versuchen.

Wenn die Enttäuschung und die Torschlusspanik groß

genug sind, dann nimmt sich manche Frau einen Mann, der nicht ahnt, dass er gerade dabei ist, sich zu reproduzieren. Das ist natürlich riskant. Wer weiß schon, ob und wie der Samenspender zu einem Kind steht. Und ob man diesen Menschen auf Dauer in sein Leben lassen möchte. Aber es kann auch gutgehen: Auch bei Kindern, die nicht in eine Ehe oder Beziehung hineingeboren werden, kümmern sich in der Regel beide, Mutter und Vater. Die allerwenigsten Kinder werden von verarmten, gestressten und vereinsamten Frauen großgezogen. Und tatsächlich finden alleinerziehende Mütter ja auch häufig neue Männer, die dann zu Co-Vätern werden.

Bei den vielzitierten Akademikerinnen, also bei den Frauen, die am häufigsten kinderlos bleiben, scheint es zu allem anderen auch noch das Problem zu geben, dass es in ihren Kreisen an Männern mangelt. Ein Uni-Abschluss führt offenbar nicht nur dazu, dass Frauen keine Kinder bekommen, sondern scheint auch eine hervorragende Männer-Abwehr zu sein. Denn ihre potentiellen Partner, Männer mit einer Hochschulausbildung, heiraten immer noch gern nach unten. Das Ergebnis ist die berühmte Arzt-Krankenschwester-Ehe, nicht weniger bekannt die Beziehung zwischen Pilot und Stewardess oder der Manager mit Sekretärin. In diesen Verbindungen ist die Reproduktionsrate übrigens besonders hoch. Bei Männern gilt nämlich das Gegenteil: je höher gebildet und besser verdienend, desto *mehr* Kinder. Wer Arzt ist, lernt ja viele knackige Krankenschwestern kennen. So sind eben die Verhältnisse. Der einzige Pfleger auf der Station kommt für eine Ärztin aber nicht in Frage, es sei denn, sie riskiert, sich als sexuell unausgelastet lächerlich zu machen. Und sie würde ihn wohl auch gar nicht wollen. Es ist eben so, wir Frauen schauen gerne auf oder wollen zumindest einen Mann auf Augenhöhe. Der Sexappeal eines Langzeitarbeitslosen oder Hilfsarbeiters ist für die meisten Akademikerinnen sowieso gleich null, wenn der nicht durch irgendwelche männlichen oder menschlichen Sensationen besticht. Sie können nicht miteinander, also bleiben sie eher mal übrig auf dem Heiratsmarkt, die schlauen Frauen und die armen Kerle.

Vater werden ist schon schwer

Auch wenn der Arzt mit einer Krankenschwester zu Hause sich durchaus gerne vermehrt, insgesamt sind die jüngeren Männer bei uns eher Kindermuffel: 26 Prozent der deutschen Männer zwischen zwanzig und neununddreißig Jahren sagen inzwischen: »Ich will kein Kind.« Bei den Frauen sind es nur 15 Prozent. Es sieht also so aus, als wären die Männer der begrenzende Faktor. Und tatsächlich gibt es mehr kinderlose Männer als Frauen. Damit die Rechnung aufgeht, schwängern also die kinderwollenden Männer mehrere Frauen, einige Väter erfahren auch nie etwas von ihrem Glück. Aber was ist mit denen, die sagen, sie wollen keine Kinder. Sie wollen ihr Leben nicht ändern. Sie fürchten den sozialen Abstieg. Sie haben keine Frau. Sie können ja später noch Kinder kriegen?

Studien, die sich mit dem Kinderwunsch der Männer beschäftigt haben, sind zu dem Ergebnis gekommen: Männer ergreifen praktisch nie die Initiative, wenn es darum geht, eine Familie zu gründen. Sie wollen Kinder erst, wenn sie es beruflich geschafft haben. Autos, Reisen und teure Hobbys konkurrieren bei Männern stärker mit der Familienplanung als bei Frauen. Und für Männern spielen schlechte Erfahrungen aus der eigenen Kindheit eine große Rolle: ein Vater als dauerabwesende Drohfigur, eine Mutter aus Sorgenfalten und Kummerspeck, Kinder, die funktionieren sollen. Männer, die so etwas als Kinder erlebt haben, neigen dazu, keine Familie haben zu wollen. Frauen versuchen eher, es mit den eigenen Kindern besser zu machen, wenn sie zu Hause Probleme hatten. Männer haben außerdem Angst davor, ein Leben lang zahlen zu müssen, falls man sich trennt. Und sie scheuen die Doppelanforderung: Der Job verlangt volle Kraft, viel im Büro oder unterwegs zu sein. Die Familie will aber einen fürsorglichen Vater, der pünktlich zum Abendessen kommt und auch mal Kinderdienst schiebt.

Vater werden und dann auch sein, das ist anscheinend so schwer wie nie. Gerade noch hat er nur sein eigenes Ding gemacht, jetzt soll er plötzlich einer für alle sein. Da kann ein Mann sich durchaus unter Druck fühlen: Alleinversorger, emotionaler Unterstützer und treusorgendes Rollenvorbild – Papa macht das schon. Wer kriegt da kein Muffensausen? Denn so ist sie ja, die deutsche Lebenswirklichkeit: Kaum sind die Kinder da, ist alles wieder wie bei Muttern. Die Frau – egal wie qualifiziert und gut verdienend sie ist – bleibt zu Hause. Der Mann sorgt für das Familieneinkommen – jetzt erst recht. Väter arbeiten im Schnitt deutlich mehr als kinderlose Männer, mit jedem Kind kommen ein paar Stunden drauf. Das kann daran liegen, dass Väter grundsätzlich fleißiger sind und tatkräftiger. Oder daran, dass Väter meinen, mehr Geld nach Hause bringen zu müssen. Weil die Frau jetzt ja nichts mehr verdient, weil das Haus abbezahlt werden muss, weil die Kinder Brot und Spiele wollen. Auch wenn das Hausfrauen-Modell für die Väter oft eine bequeme Lösung ist, es erhöht andererseits den Druck. Das Geldverdienen bleibt auch im 21. Jahrhundert an den Männern hängen.

Aber wer kann sich heute seines guten Jobs schon sicher sein? Wenn ich eine Zukunft vor mir habe, so denken manche Männer, in der karrieremäßig vielleicht einiges drunter und drüber geht, dann komme ich besser klar, wenn ich nur mich selbst durchzubringen habe. Wenn ich aber jeden Monat 3000 Euro netto verdienen muss, damit der Laden läuft, und zwar am besten für die nächsten beiden Jahrzehnte, dann werde ich mir keine Misserfolge oder Experimente leisten können.

Die alten Rollenbilder sind noch tief in den Männerköpfen drin. Mit den Frauen wollen sie natürlich auch nicht tauschen. Oder auch nur fifty-fifty teilen, um dann in der Firma als Vorzeigedrückeberger dazustehen, weil man Teilzeit arbeitet oder auch nur pünktlich geht. Vielleicht hilft es, klarzustellen, dass man – als Frau – nicht vorhat, sich auf dem nächstgelegenen Spielplatz häuslich einzurichten und für den Rest des Lebens vom Haushaltsgeld was abzuknapsen für einen Latte macchiato, sondern dass man sehr wohl weiter- oder jedenfalls bald wieder arbeiten will.

Das andere Männerproblem: Frauen hätten es heute gern partnerschaftlicher. Sie wollen einen Mann, der fit ist im Wickeln, auch mal ein Kind irgendwo abholt und die Spülmaschine ausräumt. Sonntagsväter sind out. Es ist für den deutschen Mann mit wichtigen Aufgaben komplizierter und auch anstrengender geworden. Er möchte doch zu Hause seine Probleme abladen und nicht neue aufgehalst bekommen. Schon gar nicht im Stil von: »Holst du Emma morgen vom Kindergeburtstag bei Maxi ab?«

Da fragen sich dann die Väter verwirrt: Wer ist diese Maxi überhaupt? Das ist wohl auch ein bisschen viel verlangt von den Männern: Allein verantwortliche Geldverdiener sollen sie sein und dann auch noch der Familie nach Bedarf zur Verfügung stehen.

Viele moderne Männer zeigen sich durchaus fortschrittlicher als ihre Väter, sind theoretisch auch bereit, den Frauen etwas von der Haus- und Familienarbeit abzunehmen. Praktisch machen viele dann aber einen Rückzieher und leben doch wieder genau wie ihre Väter. Das liegt gelegentlich auch an den Frauen, die plötzlich in die Rolle ihrer Mütter zurückfallen und erst mal beim Kind zu Hause bleiben. In diesen Anfangsjahren spielt sich dann auch alles auf Mama ein. Die Kinder wollen vielleicht auch gar nicht mehr von Papa getröstet, bekocht oder ins Bett gebracht werden. Viele Männer haben gar keine Chance, sich als Vater auszuprobieren. Wissenschaftler nennen das eine »Re-Traditionalisierung«. Man könnte auch sagen: Vaterrolle rückwärts. Bei den neuen Vätern gibt es eine »verbale Aufgeschlossenheit bei weitgehender Verhaltensstarre«, das hat der Soziologe Ulrich Beck schon vor etlichen Jahren gesagt – und es ist heute nicht weniger wahr, ganz egal, ob es nun an den sich drückenden Vätern liegt oder auch an den gluckenden Müttern.

Die meisten Männer entziehen sich, wenn sie unter Druck geraten. Entweder sie überlassen Haus und Familie ganz der Frau oder sie wollen eben erst gar keine Familie. Gleichzeitig unterschätzen sie, wie viel es Frauen bedeutet, Kinder zu haben. Nur 40 Prozent der Männer glauben, dass es Frauen wichtig ist, einen potentiellen Vater zu finden, wenn sie einen Mann suchen. Sie gehen davon aus, ihr gutes Aussehen sei den Frauen viel wichtiger. Tatsächlich finden aber 75 Prozent der Frauen Männer unattraktiv, die keine Kinder mögen.

Das sollte man sich klarmachen: Für Männer sind Kinder meist nicht das zentrale Thema. Eine Frau kann kaum erwarten, dass ER den roten Teppich zum Standesamt und gleich weiter in den Kreißsaal ausrollt. »Jetzt machen wir ein Kind!«, säuseln sich Mann und Frau zu, am Sonntagmorgen in ihre Laura-Ashley-Bettwäsche verkuschelt, um dann am nächsten Tag bei IKEA in der Schlange zu stehen, für eine Kinderkomplettausstattung in Kronprinzenblau oder Prinzessinnenrosa. Und wenn sie nicht gestorben sind, dann vermehren sie sich noch heute. Vergessen Sie solche Märchen. In den Geschichten, die das richtige Leben schreibt, sitzen die Parteien eher am Verhandlungstisch – auf Druck der weiblichen Seite. Die Eizellen sind jetzt fünfunddreißig Jahre alt, es wird Zeit. Die Frauen fangen an, nachzufragen bei ihren Männern: »Bist du jetzt bereit, deine Carrerabahn zu teilen?« Es kann sich lohnen, hier nachzuhaken. Natürlich gibt es Hartleibige, die einfach nur nein sagen, aber die meisten Männer würden es schon irgendwie nett finden, mit Kind, sie wollen nur nicht die Initiative ergreifen und scheuen die Verantwortung für diese Entscheidung.

Der klassische Fall ist ein Mann, der keine Kinder will, und die noch unentschiedene Frau Anfang dreißig. Mit der Zeit wird sie sich immer sicherer, doch Kinder kriegen zu wollen. Denn die Zeit läuft bald ab, Freundinnen bringen Kinder zur Welt, viele Kolleginnen. Die Einschläge kommen immer näher, denkt der Mann. Jetzt wird es schwierig. Die K-Frage wird erst vorsichtig von der Frau angesprochen und dann bald laut gemeinsam diskutiert. Und je deutlicher jeder seinen Standpunkt macht, desto radikaler wird er. Mögliche Ambivalenzen verschwinden, stattdessen entwickelt sich bei beiden eine Trotzhaltung. Dann kann es helfen, das Thema Kind kaltzustellen. Jeder denkt für sich noch mal nach, macht was ganz anderes, läuft einen Marathon oder probiert das Leben als Familie aus und »leiht« sich für ein paar Stunden oder das Wochenende eine Nichte oder einen Nachbarsjungen.

Es kann sich auch lohnen, ganz konkret durchzusprechen, was passieren würde, wenn ein Kind käme. Wenn eine Frau klarstellt: Ich will weiter arbeiten und stelle mir diese oder jene Betreuungslösung vor, und Oma macht auch mit, dann kann das dem Mann viel von seiner Angst vor der Verantwortung nehmen. Man kann sich auch darauf einigen, dass diejenige entscheidet, die stärker betroffen ist, also eben die Mutter. Denn sie ist es ja, die zeitweise aus dem Beruf aussteigt und ihr Leben weitreichender umstellt. Manchmal ändert sich mehr oder weniger überraschend doch noch etwas. Oder der Mann bleibt bei seiner klaren Position, und die Frau muss sich dann fragen, ob sie sich von ihrem Kinderwunsch trennt oder von ihrem Mann.

Manchmal ist es auch eine Frage des richtigen Zeitpunkts im Leben. Ich habe mir nie vorstellen können, Kinder zu haben, auch nicht mit Mitte, Ende zwanzig. Ich habe mir aber auch nicht ausmalen können, wie es ist, keine zu haben. Sicher war ich mir nur bei einer Sache: »Jetzt nicht!« Ich hatte ja noch Zeit, und es gab da erst mal andere wichtige Dinge. Hinzu kam: Ich konnte mir keinen Vater für meine Kinder vorstellen. Der langjährige Kandidat an meiner Seite war es eher nicht. Um nicht nein zu sagen, wenn das Thema Kinder aufkommt, vertagt man sich.

Als dieser langjährige Kandidat irgendwann nicht mehr nominiert war, war ich in den folgenden zwei Jahren davon überzeugt, dass ich das einzige Töpfchen weltweit bin, auf das kein Deckelchen passt. Bis er dann angerollt kam, dieser perfekte Deckel – und es hat laut gescheppert. Dabei hatte ich meinen Mann schon viele Jahre vorher kennengelernt, aber damals hatten wir uns nicht die Bohne füreinander interessiert. Aber dann war er als Mann fürs Leben auf einmal genau der Richtige. Wir haben nicht lange gezögert oder verhandelt, sondern sind gleich zusammen verreist. Und es war von Anfang an klar, wir würden uns freuen, falls ich schwanger werde, da gab es nichts zu verhüten. Zugegeben, das ist relativ romantisch. Und da hatte ich natürlich auch einfach Glück. Aber ich glaube, dass ich zu diesem Zeitpunkt eben auch zum ersten Mal wusste, was ich wirklich will und was mich glücklich macht. Bei der Entscheidung für das zweite Kind war mein Mann übrigens etwas zögerlicher, weil er meinte, das könnte dann doch in Arbeit ausarten. Inzwischen ist er noch viel vernarrter in unseren Zweitgeborenen als ich. Manche Männer muss man eben zum Jagen tragen. Meine Erfahrung ist: Die allermeisten sind im Nachhinein unendlich froh darüber, ein Kind zu haben.

Für wen das Problem noch grundsätzlicher ist, wer tatsächlich noch nicht mal einen Mann hat, partout keinen Partner findet, der sollte sich mal ernsthaft fragen, ob man es nicht mal anders anstellen sollte. Vielleicht muss man über seinen Schatten springen: die Angst überwinden, die Ansprüche runterfahren oder sich selbst nicht länger zum Nabel der Welt machen. Möglicherweise klappt das dann: wirklich offen und kompromissbereit auf andere zugehen. Und dann findet man auch einen Partner.

Dann muss es eben so gehen: Eileen und Christian Zöllner

Eileen und Christian haben alles doppelt. Das Auto sowieso, aber auch den Kindersitz, die Wickelkommode und das Bettchen für Raffael. Die drei leben mal in Frankfurt, mal in München. Wenn sie überhaupt zusammen sind. Denn die meiste Zeit erzieht Eileen Zöllner ihren Sohn allein, neben ihrem Job.

Die Juristin mit Aufbaustudium Wirtschaftswissenschaften ist Bundesbeamtin. Kurz vor dem Kind bekam sie ihren »Traumjob« im internationalen Referat bei der Bundesanstalt für Finanzdienstleistungsaufsicht. Sie sitzt in internationalen Gremien und spricht mit der halben Welt über Standards bei Geldgeschäften und Versicherungen, dreißig Stunden in der Woche und oft auch mehr. An drei Tagen bringt Eileen ihren Sohn zu einer Tagesmutter. Eine von fünf Frauen, die zusammen ein Kinder-Betreuungs-Haus gemietet haben. Wenn eine ausfällt, springt die andere ein, für 4,50 Euro die Stunde. Das ist nicht billig, aber dafür haben die Tagesmütter ihr Haus gleich gegenüber der Behörde.

Um Punkt fünf sprintet Eileen über die Straße, um ihren Sohn abzuholen, und flucht über die trödelige Fußgängerampel, die noch mal ein paar Minuten gekostet hat. Eigentlich gäbe es im Büro noch einiges zu machen, aber jetzt bricht Raffaels Zeit an. Und irgendwie freut sich Eileen auch, dass sie nicht bis sieben in ihrem Büro sitzen bleibt, wie viele andere in der Behörde. »Um fünf fängt das Spaßprogramm an, das ist mein Luxus.«

Sie fährt mit dem Fahrrad nach Hause, Raffael im Anhänger, am Main entlang. Zu Hause heißt es dann: Spielen, Essen, Spielen, Baden, Spielen, Schlafen. Raffael pur. Und wenn er im Bett ist, kann Eileen ja immer noch ein paar Mails beantworten. Sie hat einen Heimarbeitsplatz, kann von zu Hause aus auf ihren Rechner in der Behörde zugreifen. Montags tut sie dies sowieso, insgesamt sechs Stunden. Oder auch weniger, denn Raffael ist dann auch bei ihr. Der Schreibtisch steht praktisch auf der Krabbeldecke. »Die Tätigkeit, die ich jetzt mache, unterscheidet sich nicht sehr von dem, was ich vor Raffaels Geburt gemacht habe. Obwohl ich offiziell zehn Stunden weniger tätig bin, dreißig statt vierzig.« Eileen arbeitet jetzt effizienter, und sie geht nicht mehr jeden Mittag mit Kollegen in die Kantine, nimmt sich eher was zum Essen ins Büro mit. Endlos genervt ist sie von den Laberköpfen und Selbstdarstellern, die Konferenzen unnötig in die Länge ziehen.

Fünf Monate setzte Eileen nach der Geburt in ihrem Beruf aus. »Eine Ewigkeit«, erzählt sie. »Wenn man ein oder sogar zwei Jahre draußen ist, dann kann man glatt wieder von vorne anfangen.«

Natürlich muss man als »Internationale« auch unterwegs sein. Das ist dann schwierig. Raffael wird noch gestillt, morgens und abends, obwohl er inzwischen ein gutes Jahr alt ist. Aber das ist einfach zu schön, um es zu lassen. »Stillen ist großartig. Und es war auch nie wirklich ein Problem.« Als Raffael fünf Monate alt war und Eileen wieder mit ihrem Job begonnen hatte, lief sie zum Stillen rüber ins Tagesmütterhaus. Muss sie zu einem Meeting nach Wien, dann fliegt sie morgens um sechs hin und abends um neun wieder zurück. Das schlaucht, aber es geht.

Eileen ist in Genf, München und Brüssel aufgewachsen. Wohl auch deshalb hat sie ein Faible fürs Ausland. Wenn die Behörde Gäste aus fernen Ländern hat, dann muss Eileen auch abends gelegentlich noch ein Bier mit den Kollegen trinken. An einem solchen Abend fiel das komplette Netz aus Tante, Bruder, Tagesmutter aus. Eileen blieb keine andere Wahl, als den Nachbarn zu fragen, ob er das Babyfon bewachen würde. Kein Problem.

Trotz allem schafft sie es, auch etwas für sich zu tun. Sie machte einen indischen Kochkurs mit, einmal die Woche geht sie ins Fitnessstudio, wo es einen Miniclub gibt. Hier kann sie Raffael unbesorgt abgeben, während sie auf dem Laufband trainiert.

Auch zu seiner Tageskindertruppe geht Raffael gern, obwohl er manchmal morgens beim Hinbringen etwas knatscht. »Aber wenn ich die Treppe runtergegangen bin, ist es schon vorbei. Die Kinder spüren, was Sache ist und stellen sich darauf ein.« Der Junge ist der Prototyp des properen, fröhlichen Babys. Eileen liebt es, ihn beim Ausprobieren und Lernen zu beobachten. »Seine Ausdauer ist phänomenal. Stofftier rein in den Müll und wieder raus, rein, raus und wieder von vorne. Wie Kino ist das! Manchmal finde ich das einfach zu süß, um es zu verbieten.«

Im Haushalt macht Eileen so wenig wie möglich. So bleibt mehr Zeit für Raffael. Einmal in der Woche kommt eine Studentin zum Putzen. Richtig gekocht – neuerdings indisch – wird nur am Wochenende, wenn

Christian da ist. Ein ausgesprochen liebevoller, aber eben auch ein meistens abwesender Vater. »Früher waren die Männer Matrosen, die waren nie da«, sagt Christian Zöllner, »und die neuen Matrosen sind heute – wie ich – die Unternehmensberater.« Die Familie trifft sich an jedem zweiten Wochenende, entweder in Frankfurt oder in München.

Christian ist ein »später Vater«. Als Raffael zur Welt kam, war er schon fünfundvierzig. Die Kinderfrage weiter zu verschieben, das kam für beide nicht in Frage. Natürlich ist das nicht optimal, wenn zwischen Mutter und Vater fast vierhundert Kilometer liegen, dreieinhalb Stunden im ICE. Aber wenn sie weiter gewartet hätten, darauf, dass Christian den passenden Job in Frankfurt findet – dann gäbe es Raffael nicht. Unvorstellbar.

Sechs Jahre sind die beiden jetzt zusammen. Christian hatte sich zuvor mit keiner Frau ein Kind vorstellen können, alle hatten zu sehr geklammert. Und da auch noch eins draufsetzen? Lieber nicht. Eileen hatte – vor Christian – lange einen Freund, der sich mit dem Gedanken an ein gemeinsames Kind nicht anfreunden konnte. »Er hatte Angst, dass ich es mir mit einem Kind zu Hause bequem mache und er dann alles Geld ranschaffen muss. Dabei war das nie mein Plan«, sagt Eileen. Sie hat ihn verlassen.

Christian und Eileen haben sich in München kennengelernt und hier auch zusammengelebt. Aber der Job in einer Wirtschaftsprüfungsgesellschaft wurde ihr irgendwann zu stressig, das Arbeitsklima stimmte einfach nicht. Sie fand ihre Traumstelle in Frankfurt und machte Nägel mit Köpfen. Er hat aber den perfekten Job weiter in München. So ist das eben.

Christian Zöllner ist oft froh, auch mal zwölf Stunden am Tag arbeiten zu können. Manchmal aber bedeutet ihm diese Freiheit nichts, und er findet es nur noch »ärgerlich, wenn ich den kleinen Mann zwei Wochen nicht sehe und dann entdecke, da ist jemand, das ist ja mein Sohn, und der kann schon fast laufen«. Aber dieser Frust ist allemal besser als ein mieser Job oder gar kein Kind. Und es ist auch wunderschön, dieses gegenseitige Bestaunen, dieses Erkennen von immer neuen Fortschritten. Nichts begeistert Christian mehr, als sich in die Wohnung zu schleichen und von Raffael entdeckt zu werden, der sich dann vor Lachen ausschüttet. »Das macht einfach Spaß. Es ist so natürlich, so selbstverständlich.« Und Christian zeigt ein jungenhaftes Lächeln.

Eigentlich hätte Christian gern drei oder vier Kinder. Eileen sowieso. Wahrscheinlich werden sie das nicht mehr hinkriegen, doch das zweite Kind ist fest eingeplant. Und vielleicht klappt es ja auch bald mit zwei Traumjobs in einer Stadt. Aber warten wollen sie darauf nicht. Es gibt Wichtigeres, eine möglichst große Familie zum Beispiel.

8 Jetzt noch nicht

Wer sagt schon: »Ich bin dankbar und glücklich, weil ich keine Kinder habe. Ich wollte nie welche und werde auch nie den Wunsch verspüren.« Wollen würden viele Frauen schon, es passt nur nie richtig. Und dann verschiebt man die Familienplanung. Im schlimmsten Fall bis zur Menopause. Die meisten Frauen und Männer entscheiden sich nicht bewusst gegen ein Kind, sondern schleichend. Erst ist die Ausbildung dran, dann will man ein bisschen was von der Welt sehen, anschließend sucht man sich einen sicheren Job, baut vielleicht ein eigenes Häuschen. Man kann das lange fortsetzen, mit mehr Reisen, neuen Autos, nächsten Karriereschritten. Bis zu jedem anstehenden Meilenstein kann aber eine Menge passieren. Man kann sich trennen oder krank werden. Oder sich immer wieder neue Zwischenziele setzen – und dadurch das große Ganze aus dem Blick verlieren.

Einen Entschluss zu fassen ist eine schwierige Sache. Aber wenn wir uns nicht entscheiden, entscheiden wir uns auch. Und zwar dagegen. Zu oft verschoben ist eben doch aufgehoben. Das muss man sich klarmachen. Denn wann ist die Gelegenheit für ein Kind schon wirklich günstig? So eine richtig gründliche deutsche Ausbildung dauert länger als irgendwo anders auf der Welt und braucht inzwischen auch zwei bis drei Jahre mehr als noch in den Siebzigern. Wenn Frauen ihren Studienabschluss machen, dann sind sie schon über den Fruchtbarkeitszenit hinaus, nämlich achtundzwanzigeinhalb. Männer sind im Durchschnitt neunundzwanzigeinhalb, wenn sie die Uni verlassen.

Leider hat sich das Verfallsdatum der weiblichen Eizellen nicht genauso nach hinten verlagert wie unser Erwachsenwerden oder auch die Lebenserwartung. Unabänderlich bleibt es dabei: Die Eizellen sind bei der Geburt vollzählig angelegt. Da wird keine »frische Ware« nachgeliefert, wie bei den Männern, die immer neue Spermien produzieren. Eizellen vermehren sich nicht, sie altern nur – und zwar immer noch genauso schnell wie vor dreißig Jahren.

Und so kommt es zu einer Rushhour im Leben, diese fünf bis sieben Jahre ab dreißig, in denen es sich staut: Job finden, niederlassen, heiraten, Berufserfahrungen sammeln, Kinder kriegen. Und zwar hübsch der Reihe nach. Kinderkriegen kommt ganz zum Schluss, als i-Tüpfelchen.

Wenn wir zum ersten Mal über Kinder nachdenken, sind wir Frauen meist Anfang oder Mitte dreißig. Und schon dieser erste Schritt, Kinder auch nur in Betracht zu ziehen, ist nicht einfach. Ein halbes Leben lang haben wir uns ja nur damit beschäftigt, *nicht* schwanger zu werden. Das muss man erst hinter sich lassen. Also redet man erst mal locker darüber, plant es aber nicht wirklich. Familie ja, aber jetzt noch nicht. Wenn man Zwanzigjährige fragt, wann sie ihr erstes Kind bekommen wollen, sagen die: »Mit sechsundzwanzig.« Wenn man Einundzwanzig- bis Dreißigjährige fragt, dann ist neunundzwanzig das beste Alter. Und die Einunddreißig- bis Vierzigjährigen geben zur Antwort: »Mit sechsunddreißig.« Manchmal ist es besser, es passiert einfach – und man wird von der Last des Entschlusses befreit. Ich kenne eine ganze Reihe von »Verhütungsunfällen«, und jedes Einzelne dieser Kinder ist inzwischen nicht nur erwünscht, sondern das größte Glück für ihre Eltern, selbst wenn diese kein Liebespaar mehr sind.

Muss man eigentlich wirklich alles regeln, bevor man ein Kind bekommt? Job, Selbstverwirklichung, Mann, Haus mit Garten und fertig eingerichtetem Kinderzimmer. Kann man nicht auch während des Studiums ein Kind ganz gut durchbringen? Mit einem Baby in einer netten kleinen Innenstadtwohnung leben? Das Erwachsenwerden nebenbei erledigen? Sicher kann man das. Mit Familie ist das Leben ja nicht zu Ende – es fängt erst richtig an!

Das Schwierige an der K-Frage ist die endgültige Antwort. Einmal Kind, immer Kind. Oder eben keins. Ehen kann man scheiden lassen, Häuser wieder verkaufen, Berufe an den Nagel hängen. Aber Kinder kann man weder zurückgeben noch kann man die Familienplanung nachholen, wenn die Frist abgelaufen ist. Man wird Mutter oder nicht. Basta.

Wenn man sich nicht *für*, aber auch nicht *gegen* Kinder entschließt, dann hat das viel mit Unsicherheit zu tun. Ich habe auch erst mühsam gelernt, damit zu leben. Mein Vater war Angestellter bei der Bergbau-Forschung, hatte also einen sicheren Job bei einer quasi öffentlichen Einrichtung, meine Mutter war Hausfrau. Ich wollte immer festangestellte Redakteurin bei der Lokalzeitung werden, alles überschaubar und in festen Bahnen, mit komfortablem Kündigungsschutz und dreizehn Monatsgehältern. Dann merkte ich, wie spannend es ist, eigene Projekte auszudenken, zu verkaufen und durchzuziehen. Ich habe gelernt, dass es auch schiefgehen kann, dass

Fernsehsendungen eingestellt werden und Chefs wechseln, dass man einen Job verliert. Und dieser Rausschmiss war besonders schlimm, weil mein Mann gerade eine wochenlange Drehreise machte, zu der er noch in der Hochzeitsnacht aufgebrochen war. Aber ich habe eben vor allem die Erfahrung gemacht, dass es immer weitergeht und unterm Strich sogar besser wird.

Irgendwann habe ich meinen festen Vertrag beim ZDF aufgegeben, um wie mein Mann freiberuflich weiterzumachen. Wir können nie sicher sein, dass es in unseren Jobs weiterhin gut läuft. Aber wir haben inzwischen das Vertrauen, dass es irgendwie funktioniert, wenn wir uns nur bemühen.

In der Entscheidung für ein Kind kann man sich natürlich erst recht nicht felsenfest sicher sein. Es gibt immer Dinge, die dagegen sprechen, Umstände, die besser sein könnten. Wer kann schon ganz und gar darauf bauen, dass es mit dem Einkommen immer so weitergeht und die Beziehung hält. Wer unsicher ist, der grübelt und zögert und bekommt »erst mal« keine Kinder. Man sollte es andersherum machen: im Zweifel für das Kind.

Wunschlos kinderlos?

Selbst wenn da kein drängender Wunsch nach Familie ist, irgendwann kommt die Zeit, da sind alle Partys, Urlaube und Wochenenden irgendwie gleich und dann fragt man sich: War das jetzt schon alles? Jeder weiß das von Frauen aus dem eigenen Freundes- und Bekanntenkreis, und es ist auch in Umfragen nachzulesen: Die meisten Frauen, die kinderlos bleiben, sind damit nicht rundum zufrieden, jedenfalls irgendwann nicht mehr. Fast jeder, der sich gegen Kinder entscheidet, fragt sich später: War das richtig? Eltern stellen sich die Frage nicht mehr ernsthaft. Ich finde es viel mutiger, auf Kinder zu verzichten, als eine Familie zu gründen. Die Gefahr ist relativ groß, dass man es irgendwann bereut. Oder dass man ohne Kinder ein fades Leben führt, vielleicht sogar kauzig wird. Wie oft habe ich gedacht: Die haben bestimmt keine Kinder. Wenn ich es auf Ämtern mit eigentümlichen Erbsenzählern zu tun hatte oder wenn ich auf Partys Frauen getroffen habe, die vor lauter Selbstbeweihräucherung gar keine Fragen mehr an andere hatten. Und wie oft habe ich damit recht gehabt! Ich glaube gar nicht, dass Narzissmus oder Kleinkariertheit der Grund sind dafür, dass jemand keine Kinder kriegt. Aber umgekehrt ist wohl was dran: Wer keine Kinder bekommt, der hat nicht so viele Berührungspunkte mit dem »richtigen Leben«, ist weniger geerdet. Wenn man sich nicht ständig selbst neu erfindet und sein Leben immer wieder aufpeppt, dann kann es eine ausgesprochen traurige Sache sein, ohne Kinder zu leben. Es bleibt die Aussicht: Ich werde wohl eines Tages allein sein. Wenn Kinderlose älter werden und krank, dann leiden die sozialen Kontakte weit mehr, als wenn Eltern in die gleiche Situation kommen. Sie sind und bleiben näher dran an einer Gemeinschaft.

Natürlich geht es auch ohne Kinder. Man kann in seinem Beruf völlig aufgehen, haufenweise Freunde haben, Sport treiben, Modellschiffe bauen, ferne Länder durchreisen, mit Patenkindern in den Vergnügungspark gehen, vielleicht noch ein Ehrenamt übernehmen und am Ende dann mit dem angesammelten Geld eine Stiftung gründen für einen guten Zweck. Das ist dann sicher auch ein gelungenes Leben. Aber mit Kindern wäre es womöglich noch lustiger, praller und erfüllender gewesen.

Eher unsinnig finde ich den Vorwurf, Kinderlose seien egoistisch. Denn andersherum haben Eltern ja auch nicht nur edelmütige Motive. Ich habe meine Kinder keinesfalls für die Gesellschaft bekommen, sondern nur, um mein eigenes Leben besser zu machen. Und das hat funktioniert. Individualisten sind wir alle. Jeder will ganz persönlich glücklich werden, und Eltern sind sicher nicht die besseren Menschen. Aber umgekehrt sind Frauen und Männer, die keine Kinder wollen, oft schon sehr mit sich selbst beschäftigt. Und gerade bei ihnen denke ich oft: Sie sollten trotzdem oder gerade deshalb eine Familie gründen. Ich bin sicher, dass dann aus halbwegs neurotischen Singles wesentlich zufriedenere Menschen würden. Da kann man jetzt natürlich sagen: »Das arme Kind!« Aber wenn es erst da ist, dann ist es sicher nicht nur der private Therapeut.

Ihr Kinderlein, kommet!

Wenn aus den Singles doch noch Paare werden und die sich dann sogar ein Baby vorstellen können, dann sind Mann und Frau meist nicht mehr ganz jung. Vielen Frauen, die sich zwanzig Jahre lang immer nur Gedanken darüber gemacht haben, wie man eine Schwangerschaft verhüten kann, fällt es schwer, sich vorzustellen, dass es ein großes Problem sein kann, überhaupt Kinder zu kriegen. Aber so ist es, ab einem gewissen Alter. Wenn eine Frau mit über vierzig ihr erstes gesundes Baby bekommt, dann kann sie von Glück reden. Natürlich gibt es diese Frauen, vor allem in Hollywood und Co. – und dann erfährt es auch gleich jeder. Bei den gealterten Glamourgirls ist aber nicht nur Glück, sondern vermutlich auch viel Geld für den Gynäkologen mit im Spiel oder medizinische Methoden, die bei uns verboten sind.

Von den vielen ganz normalen Frauen, die im fortgeschrittenen Alter nicht mehr schwanger geworden sind, die sich jahrelang in Fruchtbarkeitsbehandlungen aufgerieben oder ein behindertes Kind abgetrieben haben, hört man weniger.

Das Vertrackte ist: Mit dem Warten aufs Kind wird der Wunsch größer und damit auch das Leid. Bei uns hat es drei Jahre gedauert, bis ich mit unserer Tochter schwanger war. Ich hatte vor meinen beiden Kindern jeweils eine Fehlgeburt, obwohl ich noch vergleichsweise jung war, um die dreißig. Eine Fehlgeburt ist nicht nur endlos traurig, sondern heißt auch: Drei, besser sechs Monate warten, bis man es wieder versucht, sonst droht die nächste Fehlgeburt.

Tatsache ist, dass die Fruchtbarkeit von Frauen mit den Jahren nachlässt. Schon ab fünfundzwanzig sinkt die Zahl gesunder Eizellen. Das geht erst langsam, ab dreißig etwas schneller und ab fünfunddreißig fällt die Fruchtbarkeitskurve steil ab. Eine gesunde fünfundzwanzigjährige Frau wird bei knapp einem Viertel aller Geschlechtsverkehre zur rechten Zeit, also kurz vor dem Eisprung, schwanger. Eine Vierzigjährige nur bei fünf Prozent der Gelegenheiten. Gleichzeitig steigt das Risiko einer Fehlgeburt und auch die Wahrscheinlichkeit, ein krankes oder behindertes Kind zu bekommen.

Männer haben ein bisschen mehr Zeit als wir Frauen. Charlie Chaplin ist schließlich mit dreiundsiebzig noch Vater geworden, wobei es allerdings nicht sein erstes Kind war, sondern das elfte. Tatsächlich sind späte Väter seltene Exemplare. Wenn Männer fünfundvierzig sind und immer noch kinderlos, dann ändert sich daran normalerweise nicht mehr viel. Selbst wenn es biologisch noch geht, seelisch funktioniert es anscheinend immer weniger. Vielleicht fühlen sich Männer dann doch irgendwann zu alt, oder die passende Frau fehlt. Filmschauspieler mögen auch im Rentenalter noch gebärfähige Partnerinnen finden, aber im wahren Leben sind der Greis und die junge Schöne eine absolute Rarität. Ein Mann ab fünfzig hat eine Frau, die durchschnittlich 2,8 Jahre jünger ist. Der Babyboom nach der Midlife-Crisis ist also reine Männerphantasie. Und auch bei den Männern lässt die Fruchtbarkeit mit den Jahren nach, während gleichzeitig das Risiko steigt, ein behindertes oder krankes Kind zu zeugen.

Letzte Ausfahrt: Fruchtbarkeitsklinik

Der typische Fall für die Fruchtbarkeitsklinik ist das Paar Mitte dreißig. Es hat alles im Griff, und wenn es dann endlich soweit sein soll, klappt es nicht mit dem Schwangerwerden. Oder die Akademikerin um die vierzig. Sie ist erfolgreich, geschieden, hat einen neuen Partner und wünscht sich mit diesem jetzt ein Kind. Je enger das Zeitfenster, desto größer wird die Panik, wenn es nicht gleich klappt. Das Problem ist: Man kann es versuchen, aber man kann es nicht erzwingen. Ein Kind um jeden Preis gibt es nicht.

Die meisten Paare, die in die Kinderwunschsprechstunde gehen, sind nicht steril, sondern nur eingeschränkt fruchtbar. Da ist einer der Eileiter nicht durchgängig, der andere aber schon. Da ist die Samenqualität nicht vom Besten, aber eben auch nicht ganz miserabel. In all diesen Fällen nimmt die Wahrscheinlichkeit, dass man schwanger wird, ab. Das ist an sich kein Problem, wenn man Zeit hat. Nach fünf Jahren kommt man aller Erfahrung nach auch bei ungünstigeren Voraussetzungen zu seinem Kind.

Wenn sie nicht so lange warten können, weil die Partner schon Mitte oder gar Ende dreißig sind, dann fassen viele Paare den Entschluss, Unterstützung in einer Kinderwunschklinik zu suchen. Künstliche Befruchtungen sind aber nicht unbedingt die letzte Rettung, sondern ziemlich aufwendig, nervenaufreibend und beileibe nicht immer erfolgreich. Jedes zweite Paar gibt irgendwann auf, hat dann meist etliche Hormonbehandlungen und Befruchtungsversuche hinter sich, viel Geld dafür ausgegeben und Jahre damit verbracht, das ersehnte Kind aber fehlt immer noch.

Bei einer In-Vitro-Fertilisation, also einer künstlichen Befruchtung im Labor, wird jede vierte Frau schwanger. Und bei dieser Zahl sind nur die Versuche berücksichtigt, bei denen tatsächlich eine befruchtete Eizelle eingesetzt wurde. Oft müssen die Behandlungen aber vorher abgebrochen werden, weil der Körper nicht genug oder zu viele Eizellen produziert hatte oder weil die Zellen sich im Labor nicht befruchten ließen. Wenn es nach einer künstlichen Befruchtung zu einer Schwangerschaft kommt, dann verläuft diese nicht immer problemlos. Bei Frauen über fünfunddreißig liegt die Wahrscheinlichkeit einer Fehlgeburt bei etwa einem Drittel. Für Frauen über vierzig Jahren liegt die Baby-Take-Home-Rate, also die Zahl der geborenen Kinder pro künstlicher Befruchtung, nur bei fünf bis sieben Prozent. Zudem gibt es auch noch Risiken für die Patientin. Die Eizellen werden in einer Operation mit Vollnarkose gewonnen, eine Überstimulation mit Hormonen kann sogar lebensgefährliche Folgen haben.

Das alles wissen die meisten nicht. Die Abteilung für Medizinische Psychologie der Universität Leipzig hat eine Studie mit erstaunlichen Ergebnissen veröffentlicht: 28 Prozent der von ihnen Befragten glaubten, die weibliche Fruchtbarkeit würde erst mit vierzig Jahren abnehmen. Ein Drittel meinte sogar, Frauen könnten bis fünfundvierzig problemlos schwanger werden. Viele überschätzten die Babymacher in der Klinik. Die Hälfte der Befragten ging davon aus, fast jede zweite Behandlung habe Erfolg.

Tatsächlich sind die Aussichten auf ein Retortenbaby längst nicht so günstig. Sicher ist nur, dass eine Fruchtbarkeitsbehandlung viel Zeit und unglaublich viel Geduld kostet. Die täglichen Spritzen kann die Patientin sich noch selbst setzen, aber während der Hormonstimulation muss sie jeden Tag zur Ultraschallkontrolle zum Frauenarzt gehen. Als Nächstes steht die Operation an, um dadurch die nötigen Eizellen zu gewinnen: Die Scheidenwand wird durchstochen, die Eibläschen abgesaugt. Das geschieht in Vollnarkose, mit allen damit verbundenen Risiken. Beim Aufwachen taucht sofort die ängstliche Frage auf: Hat der Arzt genug Eizellen erwischt?

Der Mann wiederum muss Samen »gewinnen«, das hat er in einem kleinen Klinikkämmerchen mit ein paar ausgelegten Männerzeitschriften zu absolvieren. Für viele Männer ist das eine entwürdigende Situation. Dann heißt es einen oder mehrere Tage warten, bis die Eizellen befruchtet sind. Und wieder beginnt das Hoffen, wieder wird gefragt: Wie viele werden es sein?

Nach der Befruchtung erfolgt der nächste Schritt: das Einsetzen der Embryonen in der Klinik. Erneutes Warten, diesmal zwei Wochen, zu Hause auf dem Sofa. Normalerweise werden die Frauen krankgeschrieben, in der Hoffnung, dass die befruchtete Eizelle sich eher einnistet, wenn die Frau sich körperlich schont. Das alles muss man dann irgendwie auch noch seinem Chef erklären. Und wenn der Schwangerschaftstest negativ ist, was mit fünfundsiebzigprozentiger Wahrscheinlichkeit so sein wird, dann muss man wieder geduldig sein – bis zum nächsten Versuch. Künstliche Befruchtungen kann man nicht im Monatsrhythmus wiederholen. Das sollte man auch nicht. Denn ein solcher Behandlungszyklus mit all den damit verbundenen Emotionen, dem Hoffen, dem Bangen, der Verzweiflung und den Enttäuschungen, schlägt auch auf die Seele. Und in der Regel hat ein Paar ja schon eine ganze Menge hinter sich – Sex nach Plan, Spermauntersuchung, Bauchspiegelung –, bevor es in der Fruchtbarkeitsklinik landet. Da geht es beim Kindermachen schon lange nicht mehr um Lust.

Teuer sind Fruchtbarkeitsbehandlungen noch dazu. Gesetzlich Versicherte müssen die Hälfte der Kosten selbst tragen. Wenn die Frau über vierzig ist oder der Mann über fünfzig, dann zahlt die Kasse gar nichts. Ein Behandlungszyklus kostet etwa 3000 bis 5000 Euro. Durchschnittlich muss man für drei Versuche, um ein Retortenbaby zu bekommen, rund 6000 Euro rechnen. Die vierte Chance muss man komplett selbst finanzieren. Dann hat man 10 000 Euro ausgegeben – und möglicherweise vier erfolglose Versuche hinter sich.

Damit muss man erst mal fertig werden. Gerade ehrgeizige Frauen, die Erfolg im Beruf haben, die sich alles im Leben erarbeitet haben, können schwer damit umgehen, dass sich das Kinderkriegen eben nicht mit Fleiß und Kampf erzwingen lässt. Aber es ist so. Man kann sich ein Bein ausreißen und trotzdem kein Kind bekommen.

Ich würde von einer künstlichen Befruchtung nicht grundsätzlich abraten, ich persönlich würde es trotzdem versuchen. Denn immerhin sind die Chancen, mit Fruchtbarkeitsbehandlung schwanger zu werden, besser als ohne. Aber man sollte sich klar sein, worauf man sich einlässt.

Am besten ist, es rechtzeitig zu probieren, wenn man denn grundsätzlich Kinder will. Und ich finde, das sollte jeder wollen. Lange warten macht keinen Sinn, schon weil die Wahrscheinlichkeit groß ist, dass man sich das Glück mit einem Kind noch mal verschaffen möchte, wenn man es einmal erlebt hat und dann noch ein zweites will. Im Zweifel sollte man sich immer *dafür* entscheiden – für das Kind, aber auch für das Leben draußen und für den Job.

Man muss bestimmt nicht alles aufgeben für eine eigene Familie. Wer als Hausfrau leben möchte: bitte! Aber das ist ganz sicher kein Muss. Es gibt mehr Alternativen als ganz oder gar nicht. Frauen haben tausendundeine Möglichkeit, Beruf und Kind zu vereinbaren. Auf keinen Fall sollten sie sich von den Berufspessimisten abschrecken lassen, die uns in Zeitungen und im Fernsehen immer nur die Kehrseite der Medaille präsentieren. Oder von dem gigantischen Aufwand, den manche perfekten Supermuttis beim Kinderaufziehen betreiben. Man muss weder Pädagogik studieren noch sämtliche medizinischen Ratgeber gelesen haben. Man braucht weder ein Riesenhaus noch alle Großeltern vor Ort oder einen hochbezahlten Beamten als Mann. Kinder fressen einem nicht die Haare vom Kopf, sie machen ihre Eltern nicht arm, sie bereichern das

Leben. Wenn es da eine Gefühlsregung gibt, tief drinnen, eine Ahnung, dass es schön sein könnte, ein kleines *Ich*, ein kleines *Wir* zu lieben, dann sollte man darauf vertrauen. Nicht nur die Liebe vermehrt sich, wenn man sie gibt. Es macht einen Menschen energievoller und kreativer, wenn er sich dieses Abenteuer gönnt. Man braucht eigentlich nur ein kleines bisschen Mut und den richtigen Mann. Dann kann man mit Kindern ganz einfach sehr glücklich werden.

Darf ich auch mal was sagen?
Das Nachwort vom Ehemann

Ich tauge nicht als Ehrenretter bei dieser Kinderfrage. Schade eigentlich, denn die Männerehre hätte eine Rettung dringend nötig. Getreu der männlichen Grundhaltung – bitte keine ellenlangen Diskussionen – fasse ich mich kurz: Versuchen wir mal dieses Denkspiel: Jeder halbwegs infrage kommende Erwachsene in Deutschland würde gezwungen, in den nächsten fünf Jahren mindestens zwei Kinder zu zeugen oder zu gebären. Das wäre ein Hammer. Man würde die Welt nicht wiedererkennen. Überall Kinderwagen, dreckige Windeln bis zur Zugspitze. Deutschland würde lustiger, chaotischer, lauter, einfach besser. Und die Diskussion um die Benachteiligung von Familien hätte sofort ein Ende: Es würde ja alle treffen. Schöne Idee, oder? Und an wem würde dieses Paradies scheitern? Ich bin sehr sicher, an den Männern. Denn tatsächlich hängen wir Durchschnittsmänner viel mehr an unserer selbst gewählten Freiheit und Selbstverwirklichung als die Lila-Latzhosen-Frauen und ihre Schluffis. »Ja, das Projekt mit den Kindern läuft ganz gut, aber wie soll es anders gehen? Wir haben ja auch keine zwei Autos!« Das Argument würde keiner Frau einfallen. Aber aus Männermund klingt das durchaus plausibel.

Warum will der deutsche Mann in seiner mehrheitlichen Ausprägung keine Kinder? Oder nur dann, wenn die Frau lang genug genervt hat. Und am besten erst mit fünfzig.

Oder wenn die Kinder erst mit drei auf die Welt kommen würden, damit man sich das Wickeln sparen würde. Es gibt dazu Forschungsansätze, die für uns Männer sehr bequem sind. Diese Studien sagen: Die Frauen sind schuld. Genauer gesagt: unsere Mütter. Mit ihrem Überangebot an Zuwendung, an allem, was ein kleiner Junge braucht, haben sie die Männer fürs Leben versaut. Denn wer als Kind zum strahlenden Mittelpunkt erklärt wird, will das auch später sein. Bloß keine Konkurrenz. Und hinzu kommt: Da die eigene Erziehung immer die beste ist, sollte gefälligst auch heute die Frau das wieder übernehmen – so wie unsere Mütter früher. Und wenn die Frauen nicht wollen, dann streicht man es eben ganz, das Kinderprojekt.

Was hilft gegen solche Argumente? Zumal sie oft gar nicht ausgesprochen werden, aber trotzdem haltungsbestimmend sind? In der Männergruppe würde ich jetzt allen zurufen: »Erwachsen werden! Mama und Papa werden langsam alt! Im Beruf müsst ihr doch auch euren Mann stehen. Jetzt sagt doch auch mal zu Hause, wo es lang gehen soll.«

Nur mal als Gedankenexperiment: Einmal laut die fünfzehnjährige Tochter anpampen: »Solange du deine Füße unter meinen Tisch setzt, rauchst du in deinem Zimmer keinen Joint. Ende der Diskussion.« Na, wie fühlt sich das an? Nicht so gut? Und warum? Weil sie es vielleicht trotzdem macht? Ich höre die unsicheren Kandidaten schon sagen: »Und ich weiß ja gar nicht, ob ich so hart sein kann!« Dann aber los. Haben eure Eltern ja auch hingekriegt. Und ihr seid doch wohl cooler drauf als die!

Mein Verstand hat mich nie vor die Entscheidung gestellt, ob ich Kinder wollte oder nicht. Das hatte mein Herz entschieden, ohne jede Diskussion. Und vielleicht ist das auch der einzige wirklich ernsthafte Ratschlag, den ich Männern mit auf ihren Weg geben würde: Hört mal ab und zu auf euer Herz. Und wenn es zuschlägt, dann ergebt euch gefälligst. Denn meistens hat es Recht. Und dann kommt das Glück von alleine. Und die Kinder.

Literatur

Bertelsmann Stiftung (Hg.): Karrierek(n)ick Kinder. Mütter in Führungspositionen – ein Gewinn für Unternehmen. Gütersloh 2006 (www.erfolgsfaktor-familie.de)

Bundesministerium für Familie, Senioren, Frauen und Jugend. Siebter Familienbericht. Berlin 2006 (www.bmfsfj.de)

Bundeszentrale für politische Bildung: Einkommen von Familien, 11/2004

Carl, Christine: Leben ohne Kinder. Wenn Frauen keine Mütter sein wollen. Rowohlt, Reinbek 2002

Dinklage, Meike: Der Zeugungsstreik. Warum die Kinderfrage Männersache ist. Diana, München 2005

Familienfreundliche Arbeitswelt. In: Informationsdienst des Instituts der deutschen Wirtschaft, Nr. 50 vom 11. Dezember 2003

Herman, Eva: Das Eva-Prinzp. Für eine neue Weiblichkeit. Pendo, München 2006

Meinungen zu Familie und Beruf. Forsa-Studie, 23. Januar 2006

Pfundt, Karen: Die Kunst, in Deutschland Kinder zu haben. Argon, Berlin 2004

Reinhardt, Susie: FrauenLeben ohne Kinder. Die bewusste Entscheidung gegen die Mutterrolle. Heinrich Hugendubel, Kreuzlingen/München 2003

Statistisches Bundesamt: Einkommens- und Verbrauchsstichprobe, 11. Juli 2005 (www.destatis.de)

***Der neue Thriller der
New-York-Times-Bestsellerautorin***

Die Nachrichtenredakteurin Annabelle Murphy traut ihren Augen kaum, als ihr Kollege ein Reagenzglas mit Anthraxsporen in die Kamera hält – diese seien gar nicht so schwierig zu bekommen, wie die Polizei behaupte. Kurz darauf wird ein Mitarbeiter mit einschlägigen Symptomen in eine Klinik eingeliefert und stirbt dort qualvoll. Annabelle gerät in Panik. Denn der tote Kollege hatte ihr ein Manuskript anvertraut – einen Enthüllungsroman, voller pikanter Details über Vorgänge bei *KEY News*. Und irgendjemand im Sender geht über Leichen, um die Veröffentlichung dieses Buches zu verhindern ...

Mary Jane Clark
Tod liegt in der Luft
Roman
Deutsche Erstausgabe

ULLSTEIN TASCHENBUCH

Von Christine Brückner sind in unserem Hause folgende Titel erschienen:

Christine Brückner, 1921 in einem waldeckischen Pfarrhaus geboren, 1996 in Kassel gestorben, schrieb neben Romanen, mit denen sie höchste Auflagen erzielte (*Die Poenichen-Trilogie*), auch Erzählungen, Kommentare, Essays, Schauspiele, Jugend- und Bilderbücher.

Alexander der Kleine

Alles Gute von Christine Brückner

Ehe die Spuren verwehen

Das eine sein, das andere lieben

Früher oder später

Ein Frühling im Tessin

Das glückliche Buch der a.p.

Hat der Mensch Wurzeln?

Jauche und Levkojen

Jauche und Levkojen / Nirgendwo ist Poenichen / Die Quints

Katharina und der Zaungast

Der Kokon

Lachen, um nicht zu weinen

Die letzte Strophe

Letztes Jahr auf Ischia

Lieber alter Freund

Die Mädchen aus meiner Klasse

Mein schwarzes Sofa

Nirgendwo ist Poenichen

Die Quints

Ständiger Wohnsitz

Die Stunde des Rebhuhns

Überlebensgeschichten

Was ist schon ein Jahr

Wenn du geredet hättest, Desdemona

Wie Sommer und Winter

Kleine Spiele für große Leute

ULLSTEIN TASCHENBUCH

»Eine unglaublich bewegende Geschichte.«
Publishers Weekly

Eigentlich, denkt Emma, müsste sie sich glücklich schätzen: Ihr Verlobter Lloyd vergöttert sie und wird ihrem zehnjährigen unehelichen Sohn Jess ein guter Stiefvater sein – ohne sich um das Gerede der übrigen Bewohner der Kleinstadt Tolstoy in Kansas zu scheren. Aber dann trifft sie Reeve, der mit seinem Flugzeug buchstäblich vom Himmel fällt und Emmas Gefühle völlig durcheinander bringt ...

D.C. Donelly

Und der Himmel weinte

Roman
Deutsche Erstausgabe

ULLSTEIN TASCHENBUCH